PENSAR CON EL PALADAR
Una estética gustatoria

Jèssica Jaques, Gerard Vilar

PENSAR CON EL PALADAR
Una estética gustatoria

Director de la colección: Daniel Rico Camps

Consejo asesor:
José Manuel Blecua
Fàtima Bosch
Salvador Cardús
Ramon Pascual
Gonzalo Pontón
Borja de Riquer
Joan Subirats
Jaume Terrades

© del texto: Jèssica Jaques, Gerard Vilar, 2024
© de esta edición: Edicions UAB, 2024

Edicions UAB
Servei de Publicacions de la Universitat Autònoma de Barcelona
Edifici A
08193 Bellaterra (Cerdanyola del Vallès)
Tel. 93 581 10 22
sp@uab.cat
www.uab.cat/publicacions

ISBN: 978-84-123249-8-3
Depósito legal: B 9479-2024
Impreso por: Gráficas Rey, SL
Impreso en España – Printed in Spain

Índice

Prólogo. El paladar piensa

En los primeros años de elBulli comprendimos ya que el paladar piensa. Como piensan los dedos del guitarrista, los pies de la coreógrafa, las manos del alfarero, la nariz de la sumiller. El paladar de un cocinero es el de un comensal extremadamente experto en los mil matices en que se despliega la combinación de gustos, texturas y temperaturas. Las reflexiones de David Hume sobre el gusto toman aquí plena actualidad, aunque él no usara el término en el sentido gastronómico. Así, la capacidad de discernir según la perspicacia sensible, la experiencia propia del experto, la comparación y contextualización de percepciones, la ausencia de prejuicios y el buen sentido, continúan siendo normas para poder tener un paladar capaz de degustar con la imaginación, dando por supuesto el conocimiento de un amplísimo elenco de sabores y estrategias creativas para generar otros que todavía no existen.

Degustar significa un proceso complejo de perspicacia sensible en la distinción cualitativa de los sabores desde una amplia experiencia que reúne sentidos, conocimiento, memoria, prospección y emoción, y supone un grado superior a catar, que remite a algo más cuantitativo; de hecho, tanto la creatividad como el placer experto se alojan en el primer verbo y no en el segundo. El uso habitual de ambas palabras, tan frecuentes en el lenguaje gastronómico, no suele atender a esta distinción. Valga este ejemplo como muestra de cuánto trabajo queda por hacer todavía para crear un vocabulario y un argumentario apropiado para la gastronomía contemporánea; después de algunas aventuras intelectuales compartidas con los autores de este libro, tengo la convicción de que la filosofía puede aportarle tanto como ha contribuido a los discursos del arte en sus diversos modos de hacer.

Palais en francés quiere decir tanto paladar como palacio. La lengua del país vecino estaba preparada —a diferencia de las nuestras y de otras muchas— para considerar el gusto gastronómico como un sentido excelso. Mucho tuvo que ver esto con el nacimiento de la institución «restaurante» en el París posterior a la Revolución Francesa, así como con el surgimiento de la filosofía del gusto gastronómico, en el texto fundacional de Jean-Anthelme Brillat-Savarin, *Fisiología del gusto o Meditaciones de gastronomía transcendente* (1826). Pasados dos siglos desde entonces, el foco de creatividad gastronómica se ha desplazado hacia muchos lugares en el globo terráqueo, y en un restaurante de la costa al sur de los Pirineos es donde este desplazamiento comenzó y generó tantos otros. No es extraño, pues, que desde una universidad cercana se genere el primer texto de filosofía de la gastronomía para el público hispanohablante, y es de desear que dé lugar a otros desde la pasión propia de la filosofía en cuanto que amor a la sabiduría. No en vano, los términos latinos *sapere* (saber) y *sapor -is* (sabor) comparten raíz; este libro pretende rendir homenaje a esta exquisita coincidencia.

FERRAN ADRIÀ
elBulli1846
1 de abril de 2024

¡En pie, gastronómica legión!

No hace tanto, si alguien encendía el televisor un día cualquiera entre semana, se encontraba con opciones como estas: ver una magnífica serie de Isabel Coixet en HBO titulada *Foodie Love*, que trata de una historia de amor de una pareja de comidistas; ver en Netflix las series *Street Food, Breakfast, Lunch & Dinner, Nailed it!, The Chef Show: volume 2, Las crónicas del taco, Midnight Diner: Tokyo Stories* y muchas otras. También podía uno ir a los canales en abierto y encontrarse con *Master Chef, Master Chef Junior, Master Chef Celebrity, Como sapiens* y un sinnúmero de programas de cocina y de guía gastronómica en diversos canales. De hecho, incluso uno se encuentra con *Canal Cocina*, un canal que, como su nombre indica, está dedicado en exclusiva a la cocina 24 horas sobre 24. Por otra parte, si se abre un periódico cualquiera, especialmente en las ediciones digitales, asaltan inmediatamente secciones de crítica gastronómica y enológica, magníficos blogs de cocina, recetarios y consejos, amén de entrevistas con cocineros, informaciones de ferias gastronómicas y de multitud de ferias regionales o locales de toda suerte de productos. Además, en cualquier librería se encuentra una amplia sección de volúmenes dedicados a la gastronomía, a los cocineros, a la filosofía o a la economía de la alimentación, o a cualquier cosa que afecte a este campo de la comida y lo gastronómico. Y para no alargar el listado de ejemplos de la expansión de la presencia de la cultura culinaria, en las redes sociales está difundiéndose a gran velocidad lo que se ha dado en llamar *foodporn*, esto es, la manía de fotografiar con el móvil todo lo que uno come y subirlo a las redes, una práctica asociada a la demanda de alimentos especialmente llamativos o curiosos encima del plato.

Este era el panorama que ya teníamos a principios de 2020. Luego vino la pandemia del covid-19 y el estallido de las actividades gastronómicas en la población confinada fue un fenómeno sin precedentes. Todo el mundo estuvo cocinando recetas nuevas para matar las horas, para entretener a los niños, para tener un objetivo. Los cocineros famosos se pusieron a colgar vídeos en las redes sociales para ayudar a la ciudadanía en sus experimentos culinarios, y la vida giró más que nunca en torno a la creación y la experimentación gastronómica. No sabemos con certeza el alcance de todo esto, pero algo es seguro: el mundo habrá cambiado. Cuánto y cómo, se irá viendo; pero, sin lugar a dudas, será un mundo en el que la cultura gastronómica habrá ganado unos puntos más en relación con el mundo precovid. En algún sentido, quizás no sea una simple hipérbole hablar de la *foodificación* del mundo, una dimensión más de lo que se ha llamado la estetización del mundo.

La verdad es que toda esta explosión cultural era impensable hace veinticinco años, aunque lo que es comer también se comía en el pasado, solo que no tenía la importancia, ni encontrábamos la variedad, la creatividad, ni la enorme riqueza cultural que hoy tenemos ante nosotros. Hoy incluso podemos ir a un restaurante no a comer, sino a vivir una 'experiencia'. ¿Qué ha pasado, pues, para que se haya producido este cambio cultural tan importante con consecuencias casi inconcebibles, también en términos económicos? ¿Y qué tienen que

ver todos estos fenómenos con otros cambios culturales expe-
rimentados en estos últimos veinticinco años, especialmente
en nuestra cultura estética, la cultura de las artes, la moda, el
diseño y demás? Contestar adecuadamente estas preguntas es
tarea más bien de las ciencias sociales, de la sociología, la economía o la antropología que de la filosofía. Tradicionalmente,
la filosofía había considerado que las cosas del comer no tenían la
menor dignidad como tema de reflexión teórica, ni siquiera
para los epicúreos. Al parecer, el comer era entendido como
una actividad animal, y la gastronomía como algo propio de
los que estaban entregados al despreciable vicio de la gula. Todavía Adorno, hace medio siglo, utilizaba el adjetivo *kulinarisch* para despreciar cualquier objeto estético que él considera-
se indigno pero agradable a los sentidos. Así pues, ¿qué puede
aportar hoy la filosofía a la comprensión de este dominio de la
realidad social? La filosofía, sostenía Hegel, alza su vuelo como
la lechuza de Minerva, al atardecer, cuando los acontecimien-
tos del día ya han tenido lugar, y entonces intenta comprender
cuanto ha acontecido. Eso es cierto muy a menudo, pero hay
veces en que la filosofía intenta acompañar a los fenómenos
que están aconteciendo. Y creemos que este es el caso de la
estética gustatoria. Frente a Hegel, Theodor W. Adorno sostenía que la tarea de la estética ha de ser la de ayudar a convertir en consciencia teórica las tendencias inmanentes de las
prácticas estéticas, es decir, acompañarlas para que se entien-
dan mejor a sí mismas. Esta es una tarea no *post festum*, sino en
el medio de la actualidad. Y esta actualidad se rebela contra la
tradición, que casi siempre consideró los fenómenos gustatorios indignos del pensamiento filosófico.

Por lo demás, «¡En pie, gastronómica legión!», paráfrasis de
«En pie, famélica legión», segundo verso de *La Internacional*, es
un grito reivindicativo que reclama el reconocimiento de la
relevancia de la cultura gastronómica en la cultura libre del
presente. Reivindicamos el pensar con la lengua y el paladar

como una forma relevante del pensamiento estético y del pensar en general. Creemos que la realidad presente ha puesto de relieve hasta qué punto esta cultura del comer no es solo un ámbito de placer y creatividad, sino que cientos de miles de personas —desde restauradores hasta campesinos y ganaderos— dependen económica y socialmente de su existencia. Es más, pensamos que, más allá del placer y la economía, la cultura gastronómica tiene una función de crítica social y cultural por su capacidad de crear espacios de diferencia y autonomía, esto es, espacios que fomentan la subjetividad libre tanto en el cocinar como en el comer. El mundo de la cocina, de la comida y del comer ha pasado, en las sociedades sin hambre, del reino de la necesidad al reino de la libertad; en las sociedades de economías emergentes, ha pasado a tener un puesto muy significativo en el PIB nacional. En este sentido, defendemos que la estética gustatoria incluye al tiempo una ética y una política de la emancipación de los sujetos y de la esfera pública, esto es, somos partisanos de una estética gustatoria emancipatoria.

Desde el punto de vista filosófico, nuestra posición es cognitivista. La experiencia gustatoria es una forma de pensamiento. Pensar con el paladar es un modo de conocer. La idea principal de este libro es que el mundo de la comida, del comer y del cocinar se ha constituido como una esfera de libertad y emancipación accesible a un número creciente de personas en todo el mundo. Ello ha sido posible porque el entrelazamiento de la alimentación con la gastronomía, es decir, de la mera nutrición con la experiencia gustatoria, ha ido permitiendo que comer y cocinar se hayan abierto a ser formas de experiencia estética. Esto es, a formas de reflexión sobre aspectos de nuestras formas de vida que nos permiten adquirir nuevos conocimientos acerca del mundo y nuestro cuerpo y, así, transformarnos.

Desde el punto de vista de la filosofía contemporánea, nuestra propuesta no es una mera reformulación del hedonismo o de los epicureísmos, sino que entronca con el movimiento contemporáneo de reivindicación de la centralidad del cuerpo, una categoría siempre olvidada y despreciada y aplastada por el Ser, el Sujeto, la Razón o el Lenguaje. «¡En pie, gastronómica legión!» es una reivindicación del cuerpo como categoría central de la filosofía. Comensales y cocineros, críticos gastronómicos y empresarios de la alimentación, todos somos ante todo un cuerpo con sus sentidos, un cuerpo situado por el género, el sexo, la etnia, la sociedad y la historia. Parafraseando a Kant, sin cuerpo la experiencia gustatoria es vacía, pero la experiencia gustatoria sin cultura es ciega. De hecho, la estética gustatoria solo puede plantearse una vez liquidado el dualismo mente/cuerpo que dominó tanto el pensamiento antiguo como el moderno. Nuestra posición filosófica intenta encajar piezas centrales de las recientes ciencias cognitivas con la teoría crítica en el sentido más amplio, así como con el enactivismo y sus derivaciones performativas.

En este libro intentamos aportar algo de luz sobre algunos aspectos de este complejo cultural en transformación. Los autores llevan más de una década pensando en estas cuestiones. Tal vez estas páginas deberían haber visto la luz antes de los últimos eventos, que seguramente van a cambiarlo todo y a cambiarnos de manera significativa. Con anterioridad a la redacción de este escrito, los autores han publicado un conjunto de textos que son los antecedentes y la base que ha servido para la redacción. De hecho, algunos pasajes de los textos se han refundido en el texto presente. Se trata de textos como los siguientes: Adrià, F. y Jaques, J., «For an Applied Philosophy of Gastronomy», Cosmo 6 (2015): 163-172 <http://www.ojs. unito.it/index.php/COSMO/article/view/930>; Jaques, J., «Main Issues in Gustatory Aesthetics», *Cosmo* 6 (2015): 173-189; Jaques, J., «Food (Aesthetics of)», *Oxford Encyclopedia of Aesthetics* (2014); Jaques, J. y Vilar, G., «Feeding Thought. Por una filosofía de la cocina y la gastronomía», *Disturbis* 12 (2012)

<http://www.disturbis.esteticauab.org/DisturbisII/Indice_
12.html>; y Casacuberta, D., Jaques, J. y Vilar, G., «Cocinar-
te», *Nomade* 5 <http://www.espacionomade.com/es/numero/
cocinarte/>. Además, al final de este libro se reproducen traducidos en lengua castellana como anexos dos textos que
complementan lo que formulamos y argumentamos.

Nuestro recorrido por la estética gustatoria comenzó en
2010 con la participación de Ferran Adrià en el máster Pensar
l'Art d'Avui y siguió con muchas conversaciones que deriva-
ron en su participación en la exposición «La cocina de Picasso», que tuvo lugar en el Museu Picasso de Barcelona en 2018.
Queremos agradecer profundamente a este cocinero filósofo
habernos acuciado a pensar con el paladar y todas las aventuras
de pensamiento acontecidas con el equipo de elBulli Fouda-
tion. Nuestro agradecimiento también a los estudiantes con
los que, desde ese año 2010, hemos compartido discusiones
sobre lo gustatorio. A los estudiantes y profesores del curso
Feeding Thought en La Pedrera (2011), de los cursos sobre
estética gustatoria impartidos en el grado de Filosofía de la
UAB (2014-2015), de las clases del máster de Investigación en
Arte y Diseño de EINA/UAB (desde 2013 hasta el presente) o
del curso Pensar amb la Llengua i el Paladar en el Institut
d'Humanitats de Barcelona (2016), a todos ellos les agradece-
mos su entusiasmo, sus inteligentes preguntas y que nos per-
mitieran formular nuestras ideas. A algunos colegas, como David Casacuberta, le debemos muchas de las ideas que se
formulan en este libro.

JÈSSICA JAQUES
GERARD VILAR

1. La estética y la estética aplicada

Este libro pretende ser una introducción a la estética gustatoria, esto es, la estética que trata del gusto en sentido literal, no metafórico. Por gusto, en este sentido concreto, se entiende la capacidad que cualquier persona corriente y sana tiene para percibir el mundo de los sabores; se trata del sentido que se ubica en la nariz, la lengua y el paladar y que, desde el punto de vista fisiológico, es la combinación del olfato, el gusto y el tacto. Así, al saborear una tarta de Santiago, la estética gustatoria trataría de comprender y explicar la experiencia que produce el introducir un trozo de este dulce en la boca y las percepciones asociadas no solo al sabor dulce, sino al aroma de la almendra, la textura de la tarta, su temperatura e incluso los ruiditos que se producen al masticar o el chocar de la cuchara o el tenedor con nuestros dientes. Además, antes y durante esta experiencia, también habría que considerar la experiencia visual, tan importante en los humanos, porque en parte los videntes comemos con los ojos y cualquier preparación de los alimentos tiene una apariencia estética. Así pues, la experiencia estética culinaria o gastronómica es una experiencia estética multisensorial. Pero si todo el mundo sabe lo

19

que es una experiencia sensorial, otra cosa distinta ocurre con la estética.

¿Qué es la estética? Esta es una pregunta nada fácil de responder; una cuestión que se parece a la cuestión del tiempo, que todo el mundo sabe lo que es, pero nadie sabe explicarlo. Ello se debe a que el término estética tiene varios significados fundamentales. Recordemos, para empezar, que la palabra estética tiene su origen en el griego *aisthesis*, usualmente traducida por percepción. El significado más genérico del término refiere, por tanto, la capacidad que tienen todos los seres vivos para percibir su entorno. Esto ha llevado, en la estela de Kant, a algunos pensadores como John Dewey, Mark Johnson o los defensores de la neuroestética contemporánea a sostener el carácter primario y universal de la estética como forma básica de la cognición que los humanos compartiríamos con las amebas, las moscas y los gatos. Sin embargo, este es un concepto demasiado amplio de estética que tiene escaso interés para nuestros propósitos en este libro, de modo que nos centraremos solo en las más relevantes. Vamos a comentar los tres principales, aunque todos están relacionados con el hecho de que la estética tiene que ver con un modo fundamental del pensar humano. Llamamos pensamiento estético a los varios modos de pensar mediante los sentidos, cuando estos tienen un papel protagónico como en la experiencia de las artes. Aunque la tradición filosófica occidental sostuvo mayoritariamente que pensar es una actividad que hacemos con conceptos —lo que se denomina pensamiento teorético y pensamiento práctico—, lo cierto es que desde el siglo XVIII se ha comprendido que podemos pensar con las manos, como el alfarero, que saca una vasija de una masa de barro en un torno; el pintor o el fotógrafo, que piensan con la vista; el músico, que piensa con las orejas; el cocinero, que piensa con el gusto y el olfato, la lengua y el paladar; o la bailarina, que piensa con todo su cuerpo. Así, aparte del pensamiento conceptual, hoy suele admitirse que también hay un pensamiento visual, un pensamiento táctil, un pensamiento musical o sónico y un pensamiento *gustatorio*, los cuales, sin menoscabo de sus diferencias, son variedades del pensamiento estético. Las tres acepciones principales del término estética —la liminar, la histórico-social y la filosófica— tienen que ver con esta tercera forma del pensar humano distinta del pensar teorético y del pensar práctico.

1.1. La estética liminar y la estética reflexiva

En primer lugar, el término estética se refiere a una dimensión sensible de todas las cosas y fenómenos, desde una piedra hasta una demostración matemática, desde una flor hasta el pomo de una puerta, desde una pintura cavernaria hasta un concierto pop. Todos los objetos y fenómenos tienen una serie de propiedades o cualidades por las que los individuos de nuestra especie nos podemos sentir atraídos, repelidos o indiferentes. Estas propiedades o cualidades, en la experiencia estética liminar, nos suscitan algunos afectos o emociones de diverso carácter: el placer en lo bello, el displacer en lo feo, el placer negativo de lo sublime, la angustia de lo terrorífico y similares. El sentido o la conciencia estéticos nos define como especie tanto o más que el sentido o la conciencia moral. Las ciencias empíricas, así como las ciencias cognitivas, la psicología evolutiva, la antropología y muchas otras ciencias llevan tiempo intentando explicar la naturaleza de la conciencia estética que se halla en la raíz de nuestras conductas estéticas —ornamentación, embellecimiento, evaluación, arte. Alguna de estas conductas puede que tenga que ver con las estrategias de reproducción y sexuales que ya habían surgido en la naturaleza antes de que la evolución diera lugar a la aparición del *Homo sapiens* y que encontramos en incontables especies animales y vegetales. Al menos en parte, la estética ya la inventó la naturaleza, como vemos en los clásicos ejemplos de los pavos reales y las flores, incluso como algo totalmente aparte de su funcionalidad.[1] En cambio, nuestra capacidad para tener preferencias estéticas y hacer evaluaciones y, especialmente, la capacidad para crear arte no parece que puedan meramente naturalizarse porque tienen que ver con nuestra capacidad para la simbolización, de la que el lenguaje proposicional es la principal manifestación. El chamán de hace cuarenta mil años prefería cubrirse la cabeza con una piel de lobo porque las propiedades estéticas de dicha piel simbolizaban la fuerza, la inteligencia, la ferocidad de los poderes de la naturaleza o de los espíritus del clan y, por ende, su propio poder. La evolución nos dotó de la capacidad para las conductas estéticas, produjo las conexiones neuronales adecuadas para elaborar símbolos, pero la piel de lobo como símbolo chamánico, como la mitra papal, es un producto del entrelazamiento de la naturaleza y la cultura en nuestro proceso evolutivo. También este nos dotó de la capacidad para el lenguaje, pero la tragedia de Shakespeare *Romeo and Juliet* no es un mero producto de la naturaleza. Por su parte, el arte es igualmente un asunto de construcción de formas simbólicas, pero de ciertas formas que, a diferencia de las demás, nos permiten autodefinirnos y automodificarnos en la medida que son dispositivos para la reflexión.[2] Aquí tenemos, pues, que distinguir entre el sentido liminar o básico de estética, esa dimensión que tiene todo objeto o fenómeno natural o cultural y que somos capaces de apreciar, y la estética en sentido fuerte o reflexivo, una forma del pensar y, eventualmente, del conocer o comprender que en-

---

1. Un magnífico ensayo relativo al mundo de las aves que argumenta en esta dirección es el de Prum (2017).
2. Aquí suscribimos las tesis de tantos autores de la tradición desde Kant y Hegel que han afirmado que el arte es fundamental para nuestro autoconocimiento y autodeterminación. Nuestras referencias más recientes, sin embargo, son Noë (2015 y 2023) y Bertram (2014).

contramos paradigmáticamente en el arte. La naturalización
de la estética en el primer sentido es plausible hasta cierto punto; la del segundo sentido es imposible. En la siguiente sección
volveremos sobre este punto.

En cualquier caso, la estética reflexiva, como una forma
diferenciada del pensar humano, no se limita a un círculo autónomo frente a las otras formas del pensar y de la experiencia.
La experiencia estética puede ser pura y autónoma en el límite
de aquello que no tiene significado, como cuando encontramos hermoso un árbol en otoño con las hojas de color amarillo o rojo. Kant ya se fijó en ello en la «Analítica de lo bello»
de su *Crítica de la facultad de juzgar* y estableció el concepto de
una belleza libre y un gusto puro, sin concepto y desinteresa-
do. Pero la experiencia estética normalmente responde a otro
modelo: el de la experiencia que abre mundos. Es decir, la
experiencia estética nos abre a otras, como la cognitiva, la moral, la política o la religiosa. Con Christoph Menke, llamaremos a la fuerza del descubrimiento y la reconexión de la experiencia estética su «soberanía».[3] Así, la experiencia estética es
una puerta que puede cruzarse hacia otras dimensiones de la
existencia, o no. Si no se cruza, se mantiene uno en el ámbito
autónomo de las propiedades estéticas y las emociones básicas
que suscita. Si se cruza, pueden visitarse territorios de sentido
o de su deconstrucción por un acceso irreductible a otros. Así,
Guerra y paz de Tolstoi nos permite el acceso al conocimiento
histórico de las guerras napoleónicas, y el *Concierto para dos vio-
lines* de Bach nos permite el acceso al ámbito religioso, al igual
que el *Guernica* de Picasso o la película *Senderos de gloria* de
Kubrik nos abren la puerta al mundo moral. Por ello, podemos decir que, en ocasiones, una experiencia estética puede
ser una experiencia moral o una experiencia religiosa, también
una experiencia erótica o una experiencia transespecista.

3. Menke (1997).

1.2. La estética como régimen histórico de percepción

En segundo lugar, el término estética refiere un régimen de existencia de los objetos y fenómenos estéticos, como por ejemplo el arte, en el sentido enfático, que surgió progresivamente en el siglo XVIII europeo y que ha generado una esfera cultural diferenciada —en el sentido de Max Weber— que interactúa con otras esferas culturales, como la de la ciencia y la economía, o con la esfera normativa, que incluye la política, el derecho y la moral. Este sentido ha sido defendido fundamentalmente por Jacques Rancière desde el año 2000,[4] aunque es una idea que puede rastrearse incluso en Kant. A diferencia de los regímenes anteriores, que Rancière denomina régimen ético y régimen mimético o representacional, el régimen estético es el de la experiencia estética y de identificación del arte, caracterizado por la libertad frente a la religión, por la autonomía de la obra y por la libertad del creador y del público, esto es, la relativa libertad de la creación artística, del juicio de un público individual y universal, y de la obra misma frente a todos. Esa autonomía permite el surgimiento de la estética de la naturaleza, la aparición tanto del mercado del arte como de los museos, de modo que los viejos artefactos del arte religioso o del representacional pueden convertirse en mercancías y en obras que cuelgan en las paredes de un museo desconectadas de sus funciones tradicionales, pero que ahora son percibidas como «arte». El régimen estético es el que permite hablar de experiencia estética como un tipo de experiencia diferente de la moral o religiosa y la que permite defender la libertad estética frente a la moral, la política o la religión. Por definición, el régimen estético no está definido de una vez por todas, de modo que, transformándose permanentemente, cambia el concepto mismo de todas las instituciones y prácticas que engloba, em-

---

4. Véase Rancière (2009, 2011 y 2013).

pezando por los conceptos de arte y de artista. La investigación artística y el artista como investigador que han aparecido recientemente son solo transformaciones contemporáneas producidas en el seno del régimen estético hoy dominante a escala global, salvo quizás en Corea del Norte. En definitiva, lo que llamamos estética reflexiva en la sección anterior solo puede desplegarse plenamente en el régimen estético. La estética liminar está en nuestra naturaleza y es transcultural; lo que llamamos estética reflexiva, en cambio, está posibilitada por cierto sistema cultural como es el régimen estético de la modernidad, aunque tuvo breves fulguraciones en el régimen ético de la Grecia clásica o el Renacimiento italiano.

1.3. La estética como disciplina filosófica

En tercer lugar, estética significa aquella reflexión filosófica iniciada en el Siglo de las Luces acerca de los fenómenos referidos por los dos primeros significados de la palabra. Pero la estética en esta última acepción nunca se ha puesto de acuerdo sobre su objeto, de un modo que difiere de los desacuerdos en la filosofía teórica o la filosofía práctica. La estética filosófica fue engendrada originariamente por Baumgarten en la forma de una *gnoseología inferior*, la epistemología del conocimiento sensible y la teoría de las bellas artes que aspira a la aprehensión de lo bello y se expresa en las imágenes del arte, en contraposición a la lógica como ciencia del saber conceptual o teórico, cuyo objeto es la verdad, no lo bello. Pero la estética, superando a Dionisos, el dos veces nacido, tuvo otros dos nacimientos posteriores. De nuevo con Kant, como un dominio indeterminado pero reflexivo de la experiencia y el juicio, del que el arte era solo uno de sus subdominios. La última fundación fue concebida por Hegel como filosofía del arte, donde la estética queda definida como un producto del arte y al mismo tiempo

como ciencia de este. Así pues, uno de los problemas filosóficos centrales de la estética filosófica desde su fundación ha sido
el de cómo establecer la relación entre los objetos estéticos, los
objetos artísticos y sus experiencias relativas. Así lo podemos
constatar, por ejemplo, en las discusiones acerca de la estética
de la naturaleza y en las disputas acerca de la relación del arte
con la naturaleza, pasando por las generadas por algunas de las
prácticas artísticas fundamentales del siglo xx que pusieron en
entredicho el supuesto de que todo arte era estético. En todas
estas discusiones podemos constatar que la estética filosófica
no trata simplemente de los dilemas intrafilosóficos habituales
entre posiciones, como por ejemplo entre realismo y antirrea-
lismo o entre universalismo y relativismo en los ámbitos de la
filosofía teórica y la filosofía práctica, sino que también trata de
la imposibilidad de disciplinar mediante la reflexión filosófica
objetos y fenómenos que se resisten a este tipo de reflexión y
apuntan a una crítica de esta. En este sentido, la estética filosófica es tanto una crítica de la filosofía como una crítica de la
historia del arte y de las demás ciencias sociales que investigan
sobre el arte. El carácter indisciplinado de la estética respecto a
la filosofía teórica y la filosofía práctica —y de las ciencias— es
lo que la caracteriza y define, no como una disciplina filosófica
más, sino como un tipo de reflexión que pone permanentemente en cuestión el resto de la filosofía.[5] Esto la caracteriza
como una (in)disciplina incómoda para el resto de la acade-
mia, a pesar de que en realidad debería ser la *filosofía primera*.[6]

5. Christoph Menke ha argumentado esto con cierto detalle en Menke
(2004). Véase también Rancière (2008).
6. No podemos entrar en esta discusión aquí, pero puede verse, por ejemplo, el número monográfico de *Aesthetic Investigations* 1 (2017) (https://
www.aestheticinvestigations.eu/index.php/journal/issue/view/5), o el último libro de Noë (2023).

1.4. *Food philosophy*, estética aplicada y estética práctica

Si la estética como disciplina filosófica es el estudio general de
la naturaleza de las formas del conocimiento sensible, particu-
larmente de las artes, la estética aplicada es el estudio particular
de alguno de los medios culturales en que la experiencia estética es decisiva. Así, la estética aplicada tiene por objeto la reflexión sobre fenómenos como la fotografía, el diseño, la cultura digital, la moda, la gastronomía, los videojuegos, las series
de televisión, el diseño de webs y un largo etcétera. Se trata,
pues, de una aproximación al análisis del modo en que la estética «se aplica» a los fenómenos a través del estudio y la discusión de diferentes enfoques teóricos, diferentes dominios
prácticos y diferentes casos concretos. Algunas subclases de la
estética aplicada tienen en realidad muchos siglos de historia.
Por ejemplo, la estética (o filosofía) de la poesía o del teatro,
igual que la de la pintura. Otras son mucho más recientes,
como la estética del cine o la de los videojuegos, que, debido a
que han sido posibilitadas por nuevas tecnologías, no podían
haber nacido en tiempos pasados, pretecnológicos. El caso de
la estética gustatoria es evidentemente distinto, porque es un
nuevo dominio de la estética aplicada, pero sobre unas prácticas que, aun teniendo una historia y haber experimentado la
influencia de nuevas tecnologías, en realidad son prácticas mi-
lenarias; así, el dominio del fuego es la primera de las tecnologías de la cocina. La estética gustatoria, además de una forma
de la estética aplicada, puede ser considerada también parte de
la filosofía de la alimentación o de la comida.

La alimentación no ha tenido un gran impacto en la estética filosófica hasta hace muy poco. Es verdad que existe el
estudio filosófico pionero de Brillat-Savarin, de cuyo muy
meritorio trabajo a principios del siglo XIX se habla en el primer texto de «Sobremesa», al final de este libro, pero la *philoso-*
phy of food, como se dice en inglés, la reflexión filosófica en

torno a la alimentación como disciplina surge en la última década del siglo XX, aunque desde entonces no ha dejado de crecer exponencialmente. A pesar de *El banquete* de Platón o de las reflexiones sobre la dietética de Kant,[7] el texto fundador del pensar sobre la comida —como disciplina filosófica— es el libro colectivo de 1992 *Cooking, Eating, Thinking: Transformative Philosophies of Food*, editado por Deane Curtin y Lisa Heldke. La filosofía de la comida o de la alimentación se ocupa de los problemas en torno a la comida y sus condiciones de producción y recepción. Incluye cuestiones epistémicas acerca de los sentidos y la mente y cuestiones éticas y políticas relacionadas con la alimentación y el sustento, así como con la escasez y la provisión; también aborda el hambre y los desórdenes alimenticios, el vegetarianismo, las varias elecciones dietéticas y sus marcos culturales, la convivialidad y la comunidad. La alimentación y la cocina se consideran una institución nueva y poderosa que incluye empresas, turismo, tecnologías, ciencia y arte. Una de las principales empresas de la filosofía de la comida es reivindicar la comida y la cocina como formas simbólicas al modo como hizo la antropóloga Mary Douglas en el siglo pasado, siguiendo la tradición de Ernst Cassirer, Erwin Panofsky, Fritz Saxl, Aby Warburg y Nelson Goodman, que vieron las artes y las ciencias como formas simbólicas. Esta apertura al dominio de lo simbólico es lo que ha posibilitado el acercamiento conceptual de la gastronomía al arte y su dignificación como objeto de reflexión filosófica, en la que el trabajo de Carolyn Korsmeyer marcó un hito decisivo y cuyo último ejemplo notable es el libro de Valeria Campos *Pensar/Comer*, publicado en 2023.

Otro aspecto que hay que tener en cuenta aquí es la divergencia entre los modos de entender la estética aplicada que

---

7. Un repaso de estos precedentes de la historia de la filosofía es el libro, de entretenida lectura, de Michel Onfray (1999).

se ha ido produciendo en los últimos tiempos y que se repite en todos los ámbitos de la filosofía. Por usar una distinción que viene de Deleuze, la filosofía puede darse como reconocimiento o como encuentro. Como reconocimiento ocurre cuando ya se ha pensado y se reconoce un problema que se subsume bajo los conceptos que ya se poseen. Otra cosa es cuando la realidad fuerza al pensamiento en un encuentro con lo imprevisto que exige la reflexión y hasta la creación de nuevos conceptos. Esta distinción la encontramos en la estética aplicada, que se puede entender como reconocimiento en un dominio determinado de los problemas para los que ya se poseen respuestas filosóficas que se aplican a un tipo concreto de fenómenos, al modo como Hegel aplicó su estética a cada una de las artes, o bien puede entenderse como el encuentro del pensamiento con un fenómeno real en el mundo. Para defender este segundo sentido, algunos pensadores recientes, como Jill Bennett o Bernd Herzogenrath, han propuesto hablar de estética *práctica* en lugar de estética aplicada. Esta misma idea puede formularse de un modo acaso más sencillo diciendo que el primero es un modo de pensar *sobre*, de pensar vertical, mientras que el segundo es un modo de pensar *con*, de pensar horizontal. Así pues, la estética gustatoria podría entenderse de dos modos: como pensar *sobre* los fenómenos y las prácticas gustatorias, o bien como pensar *con* ellas, dejar que sean producto de un encuentro que fuerza a pensar. Seguramente, la frontera entre ambos modos de pensar es muy difusa y relativa. En cualquier caso, en este libro querríamos que nuestros razonamientos fueran más el resultado de un encuentro libre que de la aplicación de discursos codificados preexistentes a la realidad de lo gustatorio.

1.5. Estética gustatoria: un nuevo dominio de la estética aplicada

La estética gustatoria, en referencia a la estética en su conjunto, ha sido como esa piedra desechada de los evangelios, despreciada y abandonada y luego convertida en piedra angular. Como parte de la filosofía de la alimentación y forma de estética aplicada o práctica, la estética gustatoria se nos aparece doblemente. En primer lugar, como un nuevo dominio para la reflexión que, hasta hace poco, pese a su presencia en la vida cotidiana individual y colectiva, había sido excluido de los dominios de la filosofía. En segundo lugar, como una nueva disciplina, con todos los pros y los contras que implica su consecuente institucionalización académica. Vamos por partes. Primero, ¿por qué se han convertido la comida y la estética de la comida en un nuevo dominio de la filosofía?

El régimen estético y la estetización del mundo

Hay que reconocer que la filosofía de la comida no es realmente tan nueva en la historia. Los filósofos de la antigüedad ya heredaron de las filosofías orientales, singularmente del budismo, la certeza de que la dieta es importante para la salud de los cuerpos y las mentes. En este sentido, escritos de dietética los ha habido hasta entre los trabajos —menores— de Kant. Sin embargo, puede decirse que nunca establecieron ninguna conexión fundamental entre el ser y el comer, porque mayoritariamente entendían que el ser estaba más allá del cuerpo y era algo permanente, eterno e inmutable. Como mucho, la reflexión sobre la comida y la alimentación podía formar parte de la ética, de cómo y qué hay que comer para tener una *vita beata*, una vida buena. Pero la buena vida y los placeres sensibles no fueron muy bien vistos ni por los platónicos —salvo alguna excepción, como el diálogo *El banquete* de Platón—, los aristotélicos, los estoicos y los cristianos, y en realidad ni siquiera por los epicúreos, pese a los falsos tópicos creados en torno a ellos. En cualquier caso, las condiciones de posibilidad del surgimiento de la estética gustatoria tienen que ver con las transformaciones acontecidas en el régimen estético durante las últimas décadas. Estos cambios son en gran parte de naturaleza económica: el enorme incremento de la riqueza en numerosos países, no solo en Occidente, y la globalización. Si comparáramos los productos alimenticios accesibles en un supermercado cualquiera de cualquier ciudad mediana del mundo desarrollado de hoy con los que había disponibles hace cincuenta años, nos sorprenderían la variedad y los precios relativos. Los gastos en alimentación son hoy mucho menores y con relativamente poco dinero podemos comprar productos que antes se consideraban exóticos o de fiestas señaladas, o simplemente no existían. Este fenómeno forma parte de algo que también hemos visto en la ropa, la moda, los muebles, los cosméticos, la música, el cine y las series, entre otros. Es lo que se ha llamado *la estetización del mundo*. El aumento del nivel de vida en algunos países es lo que ha permitido que el comer se esté refinando estéticamente desde los pasados años ochenta y lo que ha permitido el acceso a todas las cocinas del mundo, a su fusión parcial y, sobre todo, a la explosión de creatividad que hemos podido constatar y que tanto se parece a la eclosión de las vanguardias artísticas en la primera mitad del siglo pasado. La idea de una estetización del mundo tal vez pueda parecerles unilateral a algunos, pero describe un aspecto central del desarrollo económico y cultural de las últimas décadas y no niega otros fenómenos nada estéticos, como la expansión del terror, la violencia y los miedos, que desde el 11S marcan también nuestro tiempo, además de la progresiva destrucción del planeta o la emancipación de las mujeres.

Cocinar, comida, comer

En cualquier caso, la estética gustatoria es un producto de esta estetización del mundo y de la aparición de la cocina de vanguardia. Algunos han hablado de un *flavouring* o un *culinary turn* como fenómeno posibilitador de la nueva disciplina. Y esta disciplina tiene tres grandes partes que se corresponden, en castellano, a las tres grandes ces de su temática, a saber: cocinar, comida y comer. En la estética gustatoria, el cocinar es el dominio de la producción estética, la que se corresponde con el estudio de la creatividad en los otros ámbitos de la producción en otras prácticas estéticas; la creación artística y el artista, la creación en la moda, el diseño y demás. En definitiva, es el ámbito de la reflexión en torno al sujeto productor. La comida es el objeto de la producción del sujeto creador, es su obra, aquello que plantea problemas filosóficos como en qué medida una preparación puede ser una obra de arte o su carácter efímero. Por último, el comer es el ámbito de la recepción de la comida, es el sujeto como comensal, aquel al que todo lo anterior va destinado y quien consumirá el objeto, la comida, ingiriéndola y degustándola, cerrando todo el ciclo. Aunque estos tres dominios y momentos no son fácilmente separables de un modo riguroso, empezaremos por el gusto, un concepto perteneciente al tercer ámbito, el del comer. Seguiremos luego con dos capítulos, el 3 y el 4, dedicados a la comida como objeto, y terminaremos con el cocinar, con la creación, en el capítulo 5.

2. El gusto

La estética filosófica nació en el siglo XVIII fundamentalmente en torno a las cuestiones planteadas por el fenómeno del gusto en las filosofías del sujeto y de la mente que se desarrollaron a partir del Renacimiento tardío; gracias a la estética filosófica se pensó una de las dimensiones del modelo de humanidad que estuvo elaborándose hasta finales de la Ilustración. En fechas muy cercanas entre sí, a mediados del siglo XVII, Descartes construía sus argumentos sobre la figura de un sujeto pensado como *ego cogito*; Hobbes, los suyos acerca del individuo posesivo, y Baltasar Gracián señalaba el gusto como uno de los atributos fundamentales de su modelo de humanidad, el héroe o el discreto. El sujeto moderno se establece entonces como el individuo que se autocerciora y piensa con su propia cabeza, el individuo que calcula racionalmente sus intereses y necesidades para autorrealizarse, el individuo protestante dotado de conciencia moral, y el individuo que se distingue por su capacidad de juicio estético, por su gusto. El siglo XVIII será el siglo de la filosofía del sujeto (moderno) y de la mente y, por tanto, el siglo del gusto, de la estética y de la génesis de la autonomía del arte. La primera parte de la tercera crítica de Kant repre-

senta el acmé de esta evolución y, al tiempo, su momento final. Kant consagra el gusto como una de las formas estructura-
les de la razón humana junto a la razón teórica y la razón
práctica, que en el curso de la historia se ha ido descubriendo
y desplegando. El ejercicio de la capacidad de juicio estético
sería un hecho de la civilización moderna, como la ciencia o la
moral universalista, productos a su vez del ejercicio de las capacidades cognitiva y moral que la evolución dispuso para
nuestra especie.

2.1. El viejo orden de los sentidos

Sin embargo, ¿de qué gusto hablaban los pensadores de los siglos XVII y XVIII? Lo cierto es que no hablaban del sentido que
se ubica en la lengua y el paladar y que está estrechamente
conectado al olfato, es decir, del gusto en sentido literal, sino
que se referían al gusto en sentido metafórico. El gusto metafórico tiene sus orígenes en el siglo XVI, cuando empezó a
emplearse el término que designa al sentido que se ubica en la
lengua y el paladar para referir la capacidad para el sentido estético, la capacidad de ejercer un buen juicio estético, especialmente en relación con el arte y la literatura. De hecho, en
el curso de los siglos XVII y XVIII, la traslación de sentido que
trajo el proceso de metaforización acabó excluyendo de la categoría filosófica al gusto en su sentido originario y literal. Es
verdad que Voltaire, en su entrada de 1757 para la *Encyclopédie*
de Diderot y D'Alembert, luego integrada en su famoso *Dictionnaire philosophique*, todavía recuerda ese origen y establece
acertadas analogías entre el gusto literal y el gusto metafórico.
Según Voltaire:

> Ese sentido, ese don de discernir los sabores de los alimentos ha
> originado en todas las lenguas conocidas la metáfora que expre-

sa con el mismo vocablo, gusto, el conocimiento de las bellezas artísticas. Es un discernimiento rápido como el paladar, y al igual que este proviene de la reflexión. Es, como aquel, sensible y voluptuoso respecto a lo bueno, y como él rechaza lo malo. Muchas veces un gusto y otro están indecisos, y al no saber con exactitud lo que se les presenta que debe agradarles, necesita a veces para comprenderlo acostumbrarse a ello. No se satisface el gusto con ver y comprender la belleza de una obra; necesita sentirla y que le agrade. Tampoco debe escapar a la rapidez del discernimiento, y este es otro parecido que tiene el gusto intelectual con el gusto sensual. El gourmet aprecia y reconoce en seguida la mezcla de dos licores; el hombre de buen gusto literario comprende al primer golpe de vista la mezcla de dos estilos. Así como el mal gusto físico consiste en agradar con condumios demasiado picantes, el mal gusto en las artes consiste en que entusiasmen los adornos recargados y en no comprender el mérito de lo natural.

Voltaire, pues, todavía tiene claro que el concepto de gusto tiene su raíz en el gusto no metafórico y defiende analogías con el gusto literal. Sin embargo, el mismo año que Voltaire redacta este texto, David Hume escribe su famoso *Of the Standard of Taste*, que se suele traducir como *La norma del gusto*, en el que apreciamos un casi completo olvido del origen del gusto, salvo en la referencia al episodio del *Quijote* donde Sancho cuenta la anécdota de la disputa en una taberna sobre el sabor del vino de una bota, del que unos dicen que sabe a piel y otros que sabe a metal, disputa que se dirime al vaciar el tonel y encontrar en el fondo del mismo una llave con una tira de cuero atada. No obstante, Hume está solo interesado por el gusto en sentido metafórico y más concretamente en el ámbito de las artes literarias. Tal vez su principal aportación sea el enfoque empirista de las cuestiones del juicio de gusto, ya que lo define como algo que se forma en la experiencia mediante su cultivo y observando a los expertos podemos encontrar cuál es su estándar, su promedio, algo que no se puede deducir a priori o recurriendo a principios, sino por la práctica, por comparación mediante la libertad de prejuicios, el buen sentido y la delicadeza. No hay una ley o norma de lo bello; hay un estándar deducido por la práctica de quienes han acumulado experiencia en el juzgar y, por tanto, han cultivado el gusto. Y ese gusto no incluye para nada el gusto en sentido literal, el gusto de los sentidos químicos, como se dice a veces ahora, ya que en el gusto de la lengua no hay ningún universal como la belleza, sino únicamente preferencias individuales. Se introduce, así, la distinción entre el gusto de la mente y el gusto del cuerpo.

Unas décadas más tarde, en su *Crítica de la facultad de juzgar* aparecida en 1790, Kant excluye enteramente del gusto estético los fenómenos ligados al gusto en sentido literal, el gusto del cuerpo, fenómenos ante los cuales no podemos ejercer el verdadero gusto, la *Urteilskraft*, la capacidad de juicio estético que se aplica a la naturaleza y al arte. Un paisaje o un ave pueden ser bellos, el sabor de un jarrete de ternera, no.

Más tarde, en la década de 1820, Hegel consagrará la jerarquía de los sentidos implícita en el pensamiento occidental al sostener en la introducción a sus *Lecciones de Estética*:

Lo sensible del arte solo se refiere a los dos sentidos *teóricos* de la *vista* y del *oído*, mientras que el olfato, el gusto y el tacto quedan excluidos del goce artístico. Pues olfato, gusto y tacto tienen que ver con lo material como tal y sus cualidades inmediatamente sensibles: el olfato con la volatilización material en el aire, el gusto con la disolución material de los objetos, y el tacto con el calor, el frío, la tersura, etc. Por esta razón nada tienen estos sentidos que ver con los objetos del arte, los cuales deben mantenerse en su autonomía real y evitar toda relación con lo sensible. Lo agradable para estos sentidos no es lo bello del arte.

Este desprecio de los sentidos innobles o menores durará, con contadas excepciones, hasta el último tercio del siglo XX, con Adorno, por ejemplo, que cuando quería descalificar algo por su pésima calidad o su falta de autenticidad estética lo calificaba de *kulinarisch* (culinario).

La metáfora del gusto, paradójicamente, seguía estrictamente una vieja tradición cultural que establecía una férrea jerarquía de los sentidos. En la vieja jerarquía aceptada por la filosofía desde la antigüedad hasta hace cinco décadas, había unos sentidos superiores y nobles y unos sentidos inferiores e innobles. La vista y el oído se encontraban entre los primeros y el olfato, el tacto y el gusto, entre los segundos. Aunque se tenían por los más cercanos a la animalidad, de todos ellos el peor era el gusto, porque para ejercerlo hay que introducirse en la boca el objeto de la sensación y, como señalaba Hegel, destruirlo al masticarlo; por ello sería, así, el menos espiritual de todos los sentidos o, dicho de otro modo, el más corporal o físico de todos ellos. El platonismo y los neoplatonismos habían avanzado a ultranza esta vieja jerarquía con su defensa de la teoría según la cual el alma se halla encerrada en un cuerpo y el conocimiento es una forma de visión. El cristianismo, especialmente el más paulino, con su repudio del cuerpo y los placeres continuó en la nueva era consagrando esta jerarquía, aun cuando paradójicamente la eucaristía, el sacramento y la ceremonia centrales de la religión cristiana, es un ágape, un acto de comer y beber que rememora la última cena de Cristo y sus apóstoles.

El ascenso del gusto no metafórico es un fenómeno que todavía está por estudiar con detenimiento. En cualquier caso, desde finales del siglo pasado se ha producido una crisis de ese viejo orden de los sentidos que ha permitido reivindicar los tres sentidos antes despreciados por la filosofía en general y por la estética en particular, a saber: el olfato, el gusto y el tacto. El desmoronamiento de la jerarquía que priorizaba la vista y el oído como sentidos nobles por más espirituales frente a los otros sentidos innobles, físicos, carnales, que implican un contacto sensual con el objeto, ha permitido abrir la reflexión filosófica y que se estén desarrollando estéticas del olfato,[1] del tacto[2] y del gusto[3] como nuevos campos, como la estética gustatoria.[4]

2.2. Olvido y retorno del gusto

La historia del concepto de gusto en la estética, por lo demás, es aún más compleja porque desde los tiempos de Schelling y Hegel el concepto metafórico de gusto entra en crisis. La categoría de gusto, como la de lo sublime y lo bello natural, fue olvidada hasta el último tercio del siglo XX porque la estética se convirtió en filosofía del arte y este se entendía como una de las formas más elevadas de conocimiento: Schelling lo tuvo como *organon* de la filosofía y Hegel como una forma del Espíritu Absoluto. Frente a ello, el gusto es una facultad subjetiva, ligada a las emociones personales. Hegel descalificó la categoría de gusto porque está basada en una incierta experiencia empírica, pues

> siempre es el caso que todo hombre enjuicia las obras de arte o los caracteres, las acciones y los acontecimientos con el rasero de sus luces y su ánimo; y, puesto que esta educación del gusto solo afectaba a lo externo e inope, y además extraía sus preceptos igualmente de un estrecho círculo de obras de arte y de una

1. Jaquet (2010); Shiner (2020).
2. Hayes y Rajko (2017); Elo y Luoto (2018).
3. Korsmeyer (1999).
4. Jaques (2015 y 2015); Perullo (2018).

limitada educación del entendimiento y del ánimo, su esfera era insuficiente e incapaz de captar lo interno y verdadero, y de aguzar la mirada para la aprehensión de esto.

Así, todas las teorías del gusto proceden, según Hegel,

de la misma manera que las demás ciencias no filosóficas. El contenido que someten a consideración está tomado de nuestra representación en cuanto algo dado... Por eso en la consideración de las obras de arte se ha abandonado la actitud de perseguir solo la educación del gusto y de querer mostrar solo gusto; el *entendido* ha sustituido al hombre o juez artístico de gusto.[5]

Así pues, el desprecio por el gusto en sentido literal acaba siendo doble en el largo periodo del olvido del gusto en sentido metafórico.

En toda esta historia del concepto de gusto solo hay un pensador que se opuso a los viejos prejuicios del orden clásico de los sentidos y que desarrolló una muy notable *Fisiología del gusto*: Jean-Anthelme Brillat-Savarin. Este personaje, contemporáneo de Hegel, con una vida novelesca, pues fue diputado, músico, filósofo, brillante gastrónomo, e incluso dio nombre a un famoso queso de la región de Normandía y a una tarta en forma de corona, fue una excepción en un contexto filosófico que no solo se había olvidado del gusto en sentido literal, sino que estaba abandonando progresivamente también el gusto metafórico.[6] En cambio, el contexto social de la época se movía en otra dirección. En las primeras décadas del siglo XIX, el gusto literal se democratizó en los restaurantes, tal y como el gusto artístico se democratizó en los museos y salones. Fue en ese momento cuando encontró su discurso ade-

5. Hegel (1989), 17 y 29.
6. Véase la primera de las conversaciones al final de este libro.

cuado. Por tanto, en 1825, el gastrónomo francés Jean-Anthelme Brillat-Savarin publicó de forma anónima en París su *Physiologie du goût, ou Méditations de gastronomie transcendante* (*Fisiología del gusto o meditaciones sobre la gastronomía trascendente*). Con la inclusión del adjetivo *trascendante* (traducido como 'trascendente') en su título, Brillat-Savarin estaba indicando a su antagonista. Las «meditaciones sobre gastronomía trascendental» iban a dar lugar al gusto como facultad reflexiva en respuesta a los argumentos de Kant.

Pero el esfuerzo filosófico de Brillat-Savarin no floreció de inmediato. La estética gustatoria tuvo que esperar más de siglo y medio. Habrá que esperar hasta finales del siglo XX para un renacimiento de los discursos filosóficos sobre el gusto tanto metafórico como literal.[7] Sobre este último, que es el que nos interesa aquí, la pionera es sin duda la filósofa norteamericana Carolyn Korsmeyer con su trabajo de 1999 *Making sense of Taste*. Este trabajo inició una investigación para establecer un vocabulario y unos argumentos adecuados para la estética gustatoria en la búsqueda de un tipo de razón, de una forma de hacer mundo que, siguiendo a Michel Onfray, podría denominarse la razón *gourmande* (*La raison gourmande*). La razón *gourmande* es una especie de comprensión del mundo que depende de nuestra relación estética con la comida y plantea nuevos desafíos al antiguo término gusto.[8] Hoy en día, la estética gustatoria es un campo académico floreciente incluido en los estudios académicos sobre alimentación que surgieron en la década de 1990 en algunos departamentos de filosofía, historia del arte y estudios culturales. Además de sus metodologías académicas, presta especial atención a los eventos de arte y cocina que se desarrollan en espacios artísticos institucionales, así

7. Vilar (2023).
8. Graw, Kleefeld y Rottmann (2009), especialmente el artículo de Christoph Menke, p. 38-46.

como al vocabulario crítico y los argumentos desarrollados por escritores gastronómicos.

2.3. La estrategia enactivista

Sin embargo, la estética gustatoria contemporánea tiene pendiente el problema de la estrategia filosófica adecuada para plantear sus conceptos y argumentos. La filosofía contemporánea ofrece distintas vías para abordar estos problemas que tratamos aquí bajo la expresión-paraguas de 'estética gustatoria'. De todas ellas, la que parece más prometedora para formular los problemas de esta clase de estética práctica es sin duda el *enactivismo*. El enactivismo o accionismo es una corriente filosófica que trata fundamentalmente de los problemas de la mente, la percepción y el conocimiento, que tiene sus orígenes en las posiciones de algunos filósofos dedicados a las ciencias cognitivas en los años noventa[9] y que tiene en la fenomenología y el pragmatismo a algunos de sus ancestros, con nombres como Husserl, Dewey o Merleau-Ponty. La posición enactivista o accionista también es conocida como la filosofía de la mente de las *cuatro es*. En inglés, la mente humana solo se explica en cuanto que *embodied*, *expanded*, *enacted* y *embedded*. Es decir, frente a la concepción computacionalista que había dominado en el último tercio del siglo XX y que comparaba le mente con un ordenador que está en el interior de nuestro cráneo —el cerebro—, el enactivismo sostiene que la mente no puede entenderse separada del cuerpo, está siempre encarnada; que hay que entenderla de un modo extendido que incluye nuestras manos y nuestros teléfonos inteligentes, por así decir; que es una actividad no solo de procesos neuronales, sino que también incluye las cosas que hacemos; y, por últi-

9. Valera, Rosh y Thompson (1992).

mo, que funciona solo en un entorno externo con el que se relaciona.

El filósofo enactivista más interesante para abordar los problemas de la estética es, sin lugar a dudas, Alva Noë.[10] En su libro de 2015 *Strange Tools* (*Herramientas extrañas*), Noë parte del hecho de que la vida humana está estructurada por las múltiples actividades organizadas que conforman un modo de vida. Las actividades organizadas son el dominio del hábito. Por lo general, una actividad organizada, como lavarse, desayunar, desplazarse en metro, dar una clase y tantas otras, es hábil y expresa inteligencia, así como una variedad de otros poderes cognitivos sofisticados, como la atención. Pero también es básica, en el sentido de ser espontánea y también fundamental en relación con otras actividades y objetivos. Hablar y caminar son ejemplos de actividades básicas y fundacionales, en este sentido. Por lo común, todas estas actividades también están dirigidas a objetivos. Noë las llama en general actividades de *primer orden*.

La tecnología juega un papel especial en relación con las actividades organizadas porque las herramientas y las tecnologías dependen de estar integradas de manera segura en patrones de actividad organizada. A cada herramienta o tecnología le corresponden conjuntos de actividades organizadas, y las actividades organizadas con frecuencia se agrupan en torno a actividades de uso y fabricación de herramientas. Conducir y escribir son ejemplos importantes, al igual que producir imágenes.

También el baile, en el sentido en que bailamos en fiestas y bodas, es una actividad organizada: es espontánea y «natural», pero expresa inteligencia y sensibilidad; es típicamente social y cumple todo tipo de funciones sociales (celebración, cortejo, etc.). El baile implica lo que hacemos y cómo nos

---

10. Noë (2015 y 2023).

movemos con una dinámica temporal y espacial característica
y reconocible. En cambio, los artistas de la danza, los bailari-
nes y coreógrafos, no se limitan a bailar como lo hacemos el
resto de nosotros en bodas y fiestas; más bien, toman el hecho
mismo de bailar y lo convierten en arte. En lugar de exhibir-
lo, de simplemente mostrarlo, es más probable que lo inte-
rrumpan o lo disturban y, al hacerlo, lo expongan como lo
que es: una actividad organizada. De esta manera, nos revela
aspectos de nuestra vida a nosotros mismos, de modo que posibilita que nos reorganicemos, que cambiemos nuestros hábitos. El arte de la danza es, así, una actividad de *segundo orden*
que tiene como materia prima el baile y el movimiento corporal de primer orden.

O, utilizando un ejemplo diferente: la pictorialidad, tanto
la creación como el uso de imágenes en cualquier medio —por
ejemplo, fotografía, dibujo, pintura, medios digitales—, es una
actividad comunicativa culturalmente arraigada y asentada, y
así ha sido al menos durante cincuenta milenios. Manejamos
imágenes con fluidez en transacciones personales y comerciales. Pensemos en las fotografías de los coches anunciados por el
concesionario, o en las de los pollos y la pescadilla que envía
el supermercado en la circular semanal, o en la de la abuela
en el estante del salón, o en los selfis que nos tomamos juntos en
el partido de fútbol. Estas imágenes llevan subtítulos explícitos
o implícitos y su significado y contenido, lo que muestran,
están garantizados, por lo general, por estos subtítulos. Nunca
tenemos que pensarlo dos veces, nunca hay nada que deba
pensarse dos veces cuando se trata de ver lo que muestran estas
imágenes. Pero el arte pictórico es algo completamente diferente. El artista no participa en la economía de la creación de
imágenes, sino que reflexiona sobre ella, la expone o la exhi-
be, aunque hay que tener en cuenta que esto puede no ser
todo lo que el artista pictórico está haciendo, del mismo modo
que a los coreógrafos les interesan muchas más cosas que el

baile. Por ejemplo, los artistas de todo tipo, coreógrafos y pintores en particular, son partícipes de una cultura artística; el arte apunta a otro arte, casi siempre. Así pues, ver, hablar, caminar y bailar son actividades organizadas de primer orden, y las artes, como las llamamos, son prácticas de reorganización de segundo orden.

La reorganización, cuando quiera que ocurra, presupone la comprensión, el entender algo en relación con nuestros hábitos, con aspectos de nuestra forma de vida. Así, una película, una canción pop o una novela pueden cambiar aspectos de nuestras vidas. Porque el arte, mostrándonos esos aspectos, nos permite comprender, adoptar una relación crítica con ellos y emanciparnos, modificarnos.

La filosofía es también una práctica de reorganización. La filosofía interrumpe nuestros hábitos de pensamiento y conversación del mismo modo que el artista visual interrumpe (entre otras cosas) nuestras suposiciones básicas sobre lo que es una imagen. Noë no afirma que la filosofía y el arte sean lo mismo, sino que son una especie de un género común. El arte gira y cambia la vida, de la que es representación artística. Tomemos el caso de la coreografía. La forma en que la gente baila hoy en día en bodas y discotecas está determinada por las imágenes de baile proporcionadas por la coreografía. Nuestro baile, el mío y el de cualquier otra persona, incorpora la danza artística, aunque sea de forma indirecta. Con el tiempo, a través de generaciones, se produce el entrelazamiento de la danza y el arte de la danza. El entrelazamiento no es tan grande como para que la línea entre el arte de la danza, o la coreografía, y lo que hacemos en las bodas sea borrosa, pero la reatroalimentación de ambas se ha convertido en un hecho común universal. De ahí que el arte esté presente en muchos aspectos de nuestra vida sin que seamos muy conscientes de ello. En realidad, las artes forman parte de la «naturaleza humana».

Noë no habla prácticamente nunca del comer, la comida o el cocinar, pero sus ideas resultan perfectamente aplicables a nuestro tema. Comer es en todas las culturas una de esas actividades organizadas que articula nuestra forma de vida: desayunamos, comemos al mediodía, cenamos, acudimos a restaurantes y celebramos reuniones, fiestas con la familia o los amigos y ritos religiosos. Comer o cocinar en nuestra vida cotidiana normalmente es una actividad organizada de primer orden, comemos o cocinamos normalmente sin pensar, sin reflexionar, sin alterar nuestros hábitos ni nuestras recetas. Sin embargo, en ocasiones comer o cocinar puede ser una actividad de segundo orden, un producto de nuestro distanciamiento respecto a nuestros hábitos que nos permite degustar en lugar de simplemente ingerir comida para nutrirnos y saciar nuestra hambre, y que también nos permite modificar nuestras recetas, ser creativos e inventar otras formas de cocinar. Pensar comiendo, comer o cocinar reflexivamente y críticamente en relación con nuestras costumbres es una actividad de segundo orden semejante a ser espectadores de una coreografía o a la creación coreográfica misma. La experiencia gustatoria, en realidad, tiene que ver más con la experiencia estética tal como la entiende Alva Noë. Las experiencias estéticas, una subclase de las cuales son las experiencias artísticas, no son episodios en la conciencia como episodios sensoriales que empiezan y acaban anclados en la exposición a un estímulo. En cierto sentido, no son experiencias como se usa el término en la investigación y la filosofía de la conciencia, como piensa la neuroestética y otras filosofías contemporáneas. Los neurocientíficos que trabajan en arte asumen casi universalmente lo que Noë llama la concepción desencadenante del arte (*trigger conception of art*). Según la concepción desencadenante, las obras de arte son estímulos que desencadenan en nosotros un tipo especial de evento: la experiencia estética. Pero, en realidad, las experiencias estéticas no se parecen mucho a dolores de cabeza o episodios de percepción, sino más bien a patrones de curiosidad, interés o atención. Una experiencia estética no es algo que hace un cerebro, sino una persona en un contexto. Además, no es el tipo de cosas que suceden de una vez por todas: ¿cuándo termina la experiencia estética de un poema?, ¿cuando se deja de mirar la página donde está escrito?

La experiencia estética, en la medida en que es un fenómeno cultural que incluye las diferentes cosas que hacemos cuando estamos estéticamente comprometidos con las obras de arte, como mirar, escuchar, pensar, discutir, describir, asociar, aprender, leer, discutir, es una experiencia *crítica*, es decir, se despliega en un espacio de pensamiento y conversación, un espacio de crítica y, por lo tanto, en un sentido fuerte, en un espacio comunicativo compartido. Las experiencias estéticas no son privadas o individuales, sino sociales. Encontrar las palabras para articular una respuesta estética es en sí mismo un acto creativo y, por lo general, también emocional; no es algo que normalmente hacemos por nuestra cuenta, individualmente, simplemente en respuesta a una obra de arte pensada como una especie de átomo de estímulo. Nos esforzamos por tener experiencias estéticas y lo hacemos como miembros de una cultura, en particular de una cultura artística. Una obra de arte no es un mero desencadenante o detonante de estímulos, sino una oportunidad para la reflexión, un dispositivo para el pensamiento.

Lo mismo puede decirse de la experiencia gastronómica y de la creación culinaria. Un producto gastronómico no es un mero desencadenante de procesos cerebrales, sino una ocasión para la reflexión en la que el gozo y la felicidad de los sentidos pueden estar más o menos presentes, pero no son determinantes para que sea una auténtica experiencia estética. Por eso podemos hablar del arte de comer o de ciertos cocineros como artistas, porque, de hecho, la gastronomía tiene que ver con la experiencia estética en sentido fuerte y encontramos el mismo *loop* o retroalimentación y entrelazamiento entre la cocina cotidiana y la gastronomía que entre el mero baile y la danza y la coreografía, el uso de las imágenes en la vida ordinaria y las artes visuales. La gastronomía, en este sentido, es también filosófica; es un modo de hacer filosofía.

2.4. El placer

Puede ser ahora el momento de tratar un concepto inevitable cuando se habla de cocina, gusto y gastronomía, a saber, el concepto de *placer*. A nadie se le oculta que en las cosas del comer el placer juega un papel fundamental. Comemos por necesidad, como cualquier otro animal, pero la naturaleza nos inclina a comer aquello que nos produce más placer siempre y cuando haya dónde elegir. Este mecanismo es común a la mayoría de los vertebrados. Si pueden elegir, optarán por aquello que produce más placer. Por naturaleza, los humanos nos inclinamos más por los alimentos dulces y los grasos y menos por los ácidos y los amargos. Los mecanismos subyacentes son objeto de estudios científicos que acabarán explicando los detalles de estos mecanismos fisiológicos comunes, de los que ya sabemos bastante y que muchas empresas de la alimentación aprovechan para que nos volvamos adictos a sus productos. Sin embargo, los humanos no somos como las aves y los perros, que, si pueden elegir, escogerán sistemáticamente aquello que les produzca más placer por las razones bioquímicas que sea, sino que los sapiens podemos elegir la lechuga, que no nos proporciona mucho placer, frente a la hamburguesa con queso y beicon o la tarta de chocolate, que sí nos lo producen. En realidad, no solo comemos por placer y no solo cocinamos para hacer felices a nuestros estómagos. De hecho, hay muchos alimentos que desde hace milenios son muy ambiguos con relación a si producen placer o no. Baste recordar la cantidad de productos fermentados que son asquerosos, como el apestoso tofu japonés o coreano, el arenque fermentado sueco o el casu marzu, un queso sardo infestado de gusanos. De hecho, en una visita turística a la ciudad sueca de Malmö, nadie debería perderse el Museo de la Comida Repugnante.[11] Sin duda, uno de los fenómenos más notables de la evolución de la cocina en las últimas décadas es que hoy podemos ir a un restaurante no a llenarnos la panza con una comida bien conocida que nos haga feliz, sino a buscar la experiencia de algo desconocido. Lo nuevo puede que no nos plazca tanto fisiológicamente como porque nos abre a lo no conocido, a lo distinto, a nuevas experiencias, a un conocimiento ampliado del mundo de los sabores, las texturas y demás.

Hay que desmitificar un poco, pues, esa supuesta centralidad del placer meramente fisiológico. Contra la creencia kantiana de que el placer de los sentidos puede ser sin concepto determinante y, así, podríamos ejercer un gusto puro, en el *Homo sapiens* los placeres son siempre algo culturalmente informado. Los canelones de la abuela, que tanto placer nos producen, nos lo generan más porque son de la abuela que por sus propiedades fisicoquímicas capaces de satisfacer nuestros sentidos, como magistralmente describe Proust en el episodio de la magdalena en *À la recherche du temps perdu*. Igualmente, hoy la elección de una cena no necesariamente recae en nuestras preferencias más básicas, sino que puede deberse a nuestro interés por la búsqueda de nuevas experiencias y por una atención a la cultura gastronómica.

En el ámbito de la estética es imprescindible tener clara la distinción entre las preferencias personales y la capacidad de apreciar el valor estético de algo. Puede que mi cuerpo prefiera un plato de lentejas con chorizo, pero puedo apreciar la calidad de una preparación de Dabiz Muñoz de su menú para los cerdos voladores en el restaurante Diverxo, con todo su toque entre kitsch y pop.

---

11. Disgusting Food Museum.

La cocina, en cuanto expresión cultural, ofrece una experiencia rica y compleja que va más allá de la simple satisfacción de nuestras necesidades alimenticias. Los placeres gastronómicos nos sumergen en un mundo de sabores, texturas y aromas que celebra la diversidad de ingredientes y técnicas que forman la base de la cocina mundial. En el corazón de los placeres gastronómicos se encuentra la exploración sensorial. Cada bocado es una sinfonía de sabores que baila en nuestras papilas gustativas y que despierta emociones y recuerdos. Desde la explosión fresca de un cítrico hasta la calidez reconfortante de una especia, la gastronomía nos permite viajar a través de una paleta de sensaciones que estimulan nuestros sentidos de manera única. En este juego de contrastes y armonías encontramos la magia de la cocina, una magia que transforma la mera ingesta de alimentos en una experiencia sensorial completa.

El placer gastronómico también se encuentra en la diversidad de texturas que un plato puede ofrecer. La crujiente capa de una baguete recién horneada, la suavidad sedosa de un puré de patatas o la jugosidad de una carne perfectamente cocida: cada textura contribuye a la complejidad y la riqueza de la experiencia culinaria. La variedad de sensaciones táctiles nos invita a explorar la comida con todos nuestros sentidos y convierte cada comida en una aventura que enriquece nuestra conexión con lo que consumimos y, por ende, con ciertos aspectos del mundo.

La gastronomía no solo es un festín para los sentidos, sino también una ventana a la diversidad cultural. Cada región del mundo tiene su propia tradición culinaria única, con ingredientes autóctonos y técnicas transmitidas de generación en generación. Explorar la gastronomía de diferentes culturas es como embarcarse en un viaje cultural sin salir de la mesa. Cada plato cuenta la historia de su origen y revela la geografía, las tradiciones y las influencias que han dado forma a una comunidad en particular. Así, la gastronomía se convierte en una

herramienta para la comprensión y el respeto intercultural al
fomentar la apreciación de la diversidad global.

El acto de compartir una comida se convierte en un ritual
social que agrega otra dimensión a los placeres gastronómicos.
La mesa se convierte en un lugar de encuentro donde amigos
y familiares comparten no solo alimentos, sino también risas,
conversaciones y afecto. La comida se convierte en un catali-
zador para la conexión humana al crear recuerdos duraderos
alrededor de la mesa. Este aspecto social de la gastronomía re-
fuerza su papel como elemento central en la celebración de la
vida y la comunidad.

En definitiva, los placeres gastronómicos son una celebración de los sentidos y la cultura. A través de la exploración
sensorial, la diversidad de texturas y la conexión cultural, la
gastronomía se eleva a una forma de arte que va más allá de
la simple alimentación. Cada plato es una historia que se despliega en nuestra boca, una experiencia que nos conecta con
el mundo que nos rodea y con aquellos con quienes comparti-
mos la mesa. Así, los placeres gastronómicos se revelan como
una fuente inagotable de alegría, descubrimiento y conexión.
Profundizaremos un poco más en ello en el próximo capítulo.

3. La cultura

Hemos dicho que comer y cocinar —esto es, la comida— es un hecho cultural que forma parte de las actividades organizadas que conforman cualquier forma de vida. Hoy en día, en casi cualquier ciudad del mundo podemos tener acceso a atisbos de formas de vida distintas a la nuestra en los restaurantes de comida de otros países. Aunque Barcelona sea la capital de la comida catalana, uno puede comer, por ejemplo, en un restaurante libanés, en un francés, en un japonés, en un italiano, en un mexicano o en un chino, por no mencionar otras nacionalidades quizás menos populares en la ciudad, como los restaurantes coreanos, magrebíes, peruanos o indios. Actualmente, en este aspecto Barcelona se parece más a Nueva York o Londres que hace cuarenta años. Se ha convertido en una ciudad turística, con una población de origen extranjero muy importante y culinariamente cada vez más cosmopolita. Todo ello es producto de la globalización, del aumento del nivel de vida y de lo que se ha llamado la «estetización del mundo».[1] La comida siempre fue viajera. Baste recordar que en tiempos

1. Lipovetsky (2016).

de los romanos el aceite, el garum, el trigo o las berenjenas circulaban por todo el Imperio. La pasta viene de la China, como las naranjas. Las patatas, el chile, el chocolate o los tomates los trajeron de América los conquistadores españoles a Europa hace cinco siglos. Hoy, los migrantes y los turistas han difundido sus comidas por todos los rincones del mundo produciendo toda suerte de fusiones, hibridaciones y linajes locales nuevos. ¿Pero qué significa en realidad que la comida es un hecho cultural? Lo primero es la posibilidad de comer con sentido.

3.1. Comer con sentido: la comida como forma simbólica

Comer con sentido significa, para empezar, que cualquier cosa que comemos o preparamos para su ingesta es una forma simbólica, algo cargado de significado cultural, además de ser una cierta cantidad de ingredientes combinados con cierta cantidad de nutrientes que sirven para aportar a nuestro cuerpo aquello que biológicamente necesita para mantenernos vivos. Comer una tortilla de patatas, unos espaguetis al pesto o una vichyssoise es comer un producto de la historia de los viajes realizados en el curso de los últimos siglos, cuando menos, por los ingredientes y el modo de combinarlos y prepararlos en el suroeste de la Europa occidental. Los más antiguos fideos conocidos se desenterraron en China entre los restos de una inundación catastrófica del río Amarillo acontecida hace cuatro mil años. Los romanos ya tenían fideos largos (*laganum*), probablemente heredados de los etruscos, y también los árabes introdujeron, a través de la conquista de Sicilia, algo parecido a lo que llamamos espaguetis. La leyenda de Marco Polo trayéndolos a Italia en el siglo XIII tras su viaje a China tiene su origen en los EE. UU. en 1930. Lo cierto es que los espaguetis que hoy co-

nocemos y comemos tienen una historia propia, vienen de
Italia y no de China. Y la preparación al pesto es típicamente
italiana también, viene de Génova y se remonta a la época ro-
mana, cuando menos. Este tipo de pasta y sus distintas preparaciones se difundieron por el mundo occidental a partir del
siglo XIX viajando de Italia a América, del norte y del sur, y de
ahí de nuevo a Europa y otras partes del mundo, con lo que se
generaron variaciones locales con trigo, quesos, piñones y
albahacas locales. Actualmente, las más de las veces lo que
comemos procede de la producción industrial con orígenes
imprevistos. En cualquier caso, lo sepamos o no, cuando comemos o preparamos un plato de espaguetis al pesto, estamos
comiendo o cocinando toda esta historia, comemos o cocinamos un resultado de la interacción y la evolución de las sociedades humanas desde hace siglos y milenios, un producto cargado de significación, una forma simbólica.

El concepto de 'forma simbólica' es tomado en préstamo
de la *Filosofía de las formas simbólicas* de Ernst Cassirer, un filósofo neokantiano que intentó establecer un cuarto paradigma
filosófico en competencia con la fenomenología, la filosofía
analítica y el marxismo, pero que, por los avatares de la Segunda Guerra Mundial, no llegó a asentarse. Cassirer no logró
elaborar una lista completa de las formas simbólicas, pero las
principales sobre las que escribió eran el lenguaje, el mito y la
religión, el derecho, la técnica, el arte y la ciencia moderna.
Cada una de ellas definía para Cassirer una esfera de las prácticas humanas, de las actividades que nos definen. No sabemos
qué habría respondido si se le hubiera planteado que la cocina
también es una de las formas simbólicas, pero es difícil dudar
que la esfera de la cocina es un mundo de experiencias, vivencias y significados que nos define desde el punto de vista an-
tropológico. Aunque no han sido discípulas de Cassirer, la
antropóloga británica Mary Douglas y la filósofa norteamericana Carolyn Korsmeyer se tomaron en serio el dominio de la

comida, el comer y el cocinar como un dominio de significación simbólica. Los trabajos de Douglas[2] fueron pioneros en estudiar la función social de la comida en distintas sociedades, tanto occidentales como no occidentales. Su sociología del pan, su análisis de los menús y de la comida en las festividades de distintas comunidades americanas o su análisis del Levítico fueron contribuciones pioneras para comprender en qué medida la comida conforma todo un rico y complejo sistema simbólico. Aunque Mary Douglas no era filósofa, sus estudios fueron un eslabón importante para abordar las cuestiones filosóficas que se plantean a una estética gustatoria y, en general, a la filosofía de la alimentación. Korsmeyer fue la auténtica pionera de la estética gustatoria en 1999 con su libro sobre el gusto.[3] *Making Sense of Taste: Food and Philosophy* explora el sentido del gusto desde una perspectiva filosófica. La autora examina cómo la experiencia del gusto en la alimentación no solo es un fenómeno biológico, sino también cultural y social. A lo largo de su obra, Korsmeyer aborda preguntas fundamentales sobre el gusto, como su relación con la estética, la identidad cultural y la moralidad. El libro se sumerge en cuestiones como la naturaleza subjetiva del gusto, la influencia de los sentidos en la apreciación de los alimentos y la conexión entre el gusto y la memoria. Korsmeyer también explora cómo las preferencias alimentarias están moldeadas por factores culturales, históricos y sociales, y cómo estas elecciones pueden revelar mucho sobre la identidad individual y colectiva. En resumen, el libro de Korsmeyer ofrece por primera vez una mirada profunda y reflexiva sobre el gusto desde una perspectiva filosófica y conecta el acto de comer con cuestiones más amplias relativas al significado, la cultura y la sociedad.

2. Douglas (1982, 1984 y 2009).
3. Korsmeyer (1999).

3.2. Comer con sentido: algunos modos de significación

Cualquier cosa que comemos o cocinamos es, pues, una forma simbólica, lo sepamos o no. Pero si lo sabemos, si nos relacionamos con el comer y el cocinar de una forma reflexiva, si no solamente nos alimentamos y nutrimos, sino que pensamos en lo que hacemos, podremos descubrir entonces que hay distintos modos de significar de la comida y lo que la envuelve y con lo que interactúa. La experiencia más sencilla es la de la comida representacional. Todo símbolo lo es de algo, pero la forma más simple de la simbolización es la *representación icónica*. Un símbolo es icónico cuando se da algún tipo de semejanza o parecido entre el símbolo y aquello que representa. Ha sido el modo de la referencia más común en las artes visuales desde hace 50.000 años y tenemos el ojo diseñado para percibir al instante las semejanzas. Así, por tomar un ejemplo de Korsmeyer, un alimento bastante común, cuya vida comenzó como símbolo, es el cruasán, inventado en Viena en 1683. Para celebrar el éxito conseguido en la defensa de la ciudad del ataque de los turcos otomanos, los panaderos vieneses elaboraban a mano pequeños panecillos en forma de medialuna (como la que destacaba en la bandera enemiga). En este caso, no solo se reconoce que la forma de medialuna denota al agresor extranjero, sino también que el acto de devorar el panecillo dulce de medialuna actúa como una réplica de la derrota del invasor y, tal vez, incluso representa el cristianismo capaz de conquistar el islam. El tiempo que pueden permanecer operativas referencias de este tipo varía en función de circunstancias espaciales y temporales, y en este caso concreto la función representativa del cruasán no pasa de ser una simple curiosidad histórica. Sin embargo, se trata de una curiosidad que contiene una lección capaz de advertir contra una fácil y rápida marginación de las posibilidades representativas inherentes a la alimentación. El hecho de que la elaboración de cualquier trozo de pan cotidiano se transformara tan inmediatamente en una conmemoración triunfante debería indicar claramente que existe un mecanismo fácil de intercambio entre los alimentos y los significados sociales compartidos, significados que se manifiestan mediante el uso simbólico de los alimentos.

Entre muchos otros ejemplos de comida representacional, podemos citar las calaveras de mazapán que se preparan y consumen en México por Todos los Santos o Día de los Muertos, las pastas en forma de corazón, las monas de Pascua en Cataluña, los huevos de chocolate por Pascua y tantos más. La representación icónica es muy común en la cultura popular, sin duda, pero también la encontramos con frecuencia en la alta cocina contemporánea. Así, el restaurante francés La Maison Troisgros ofrece un plato en forma de nido con un huevo en el centro, el *Oeuf à la coque*. El restaurante de Girona El Celler de Can Roca ofrece un consomé primaveral que imita un estanque con plantas acuáticas, así como también unas espinas de anchoa fritas atrapadas en la red de pesca, o un plato en forma de mandala tibetano. Podríamos seguir multiplicando los ejemplos *ad infinitum*, pero, puesto que es el modo de la referencia más claro para todo el mundo, parece que no hace falta insistir más en ello.

Otro modo de la significación o referencia es la *ejemplificación*. Un símbolo ejemplifica algo cuando funciona como una muestra de las propiedades de otra cosa. Un pedacito de una tela es una muestra para quien quiere tapizar un sillón. O un pastelito puede ser una nuestra cuando, por ejemplo, ejemplifica en pequeño el gran pastel que alguien encarga para una familia numerosa que quiere celebrar un aniversario. Ciertas preparaciones culinarias o combinaciones de elementos pueden ejemplificar una determinada práctica culinaria. Por ejemplo, un desayuno que incluye cruasanes, café, zumo de naranja, mantequilla y mermelada se conoce como un desayuno continental, mientras que un desayuno con chilaquiles es un típico desayuno mexicano, y el desayuno inglés completo incluye tradicionalmente varios alimentos fritos, como panceta y huevo, y alubias rojas. Así pues, cualquier desayuno continental concreto que tomemos en un viaje a cualquier país del mundo ejemplifica lo que es un desayuno continental que podamos tomar en París.

La ejemplificación, es decir, la relación simbólica en la que un objeto posee una propiedad y a la vez hace referencia a ella, es quizás la tipología simbólica más común que ofrece la comida y está presente en prácticamente todos los alimentos. Es decir, hace referencia a algunas de las propiedades que caracterizan lo que comemos y las presenta para que tomemos nota de ellas y las evaluemos de un modo particular, o para que las disfrutemos a través de la experiencia directa. Lo que mantiene ocupado al comensal *gourmet* ejercitando las capacidades discriminativas de su paladar son, de hecho, las propiedades ejemplificadas por los alimentos y las bebidas. No se trata simplemente de las cualidades de los alimentos. El comensal no dirige su atención a propiedades accidentales e incidentales que no son representativas de los aspectos del alimento que exigen ser apreciados. No le importa, por ejemplo, el peso de la cerda que encontró las trufas que ahora encuentra en su plato, sino solo el sabor de las trufas. Si le importara cuándo se cosechan las trufas o dónde se encuentran, lo haría solo en la medida en que esto respondiera de alguna manera a las propiedades ejemplificadas por el sabor. Vale la pena señalar que, si la discusión se plantea en estos términos, entonces se evidencia como falsa la objeción según la cual el gusto dirigiría la atención solo a la condición subjetiva del propio cuerpo. La atención que se dirige a las propiedades es una forma de atención dirigida al objeto de percepción a través de las sensaciones gustativas que este es capaz de generar. Las relaciones simbólicas como la ejemplificación muestran claramente la naturaleza cognitiva del gusto y del comer.

El caldo de pollo, por ejemplo, tiene diversas propiedades, como sabor, salinidad y cierta consistencia aceitosa. Los ingredientes están presentes en mayor o menor medida en el producto final y quien se encuentre tomando el caldo puede prestarles atención para apreciarlos (quizás, al mismo tiempo, calmar su hambre o aliviar su resfriado). La propiedad, por ejemplo, de tener un leve rastro de sabor a chirivía bien cubierta por cebolla y apio se ejemplifica y encarna en el caldo, de la misma manera que la propiedad de estar compuesta en un tono menor una partitura puede ejemplificarse en el *Réquiem en re menor* de Mozart, o la propiedad de ser azul puede ejemplificarse en ciertos lienzos de Picasso pintados entre 1901 y 1904.

La ejemplificación, por tanto, nos ilumina de un modo útil y práctico sobre cómo la experiencia perceptual es cognitiva y cómo es capaz de arrojar luz crítica sobre las concepciones meramente subjetivistas del gusto. Es decir, sobre la poca *finezza* de este aspecto de la jerarquía de los sentidos que discutimos en el capítulo segundo y en la pretendida tesis de que los sentidos corporales tienen un carácter obstinadamente subjetivo, que antes solo habíamos podido ver vagamente. La relación simbólica de ejemplificación se refiere a las cualidades que posee el objeto que se experimenta. Por supuesto, estas cualidades se experimentan en la boca, pero esto no es más que una señal de que aquí nos estamos moviendo en el terreno del pensamiento gustatorio.

Un tercer modo de la referencia es la *expresión*. La expresión se suele definir como la ejemplificación metafórica, en el sentido que, por ejemplo, decimos que un vino es la expresión de un pago o *terroir*. Así, los vinos de la Ribera del Duero expresan las tierras duras y mesetarias de Castilla la Vieja, y los vinos blancos gallegos expresan las tierras lluviosas y de clima suave del noroeste de la península Ibérica. La expresión consiste, pues, en que ciertas propiedades que posee el alimento

son propiedades que se refieren —ejemplifican— metafórica-
mente. Muchos cocineros actualmente huyen de los productos exóticos traídos desde lugares lejanos y apuestan por la
cocina de proximidad. En estos casos, las preparaciones con
productos cercanos puede decirse que son expresión del territorio, que los platos expresan ciertas propiedades de la comar-
ca en la que se sitúan. Un pionero de esta cocina expresiva fue
el bulliniano René Redzepi, del restaurante Noma de Copenhague, cinco veces mejor restaurante del mundo. Redzepi decidió, a partir de cierto momento, solo cocinar con productos
de proximidad, por lo que creó una cocina nórdica surgida del
frío que rescató los ingredientes de la *nordisk mad* o *nordic food*:
ahumados, hierbas, trufa negra de Gotland, bayas de los bos-
ques, pescados de las islas Feroe, encurtidos, remolacha, hue-
vas de lumpo y aquavit. Un ejemplo de esta cocina es el plato
bautizado irónicamente como *Good God is that even edible*, que
consiste en pequeñas verduras hincadas en un suelo oscuro de
tierra comestible.

Ejemplo de cómo funciona la expresión en la cocina también podría ser, de nuevo, el caldo de pollo, que se considera
una suerte de cura o remedio casero en diversas culturas. Puede haber razones médicas detrás de este hábito: por ejemplo, la
saludable reintroducción de sales y líquidos en un cuerpo des-
hidratado por la fiebre. Sin embargo, es poco probable que
tales características paliativas formen parte de la experiencia del
caldo. Con relación a las propiedades expresivas de «calmante»
y «reconfortante», ejemplificadas por el caldo calentito, lo más
importante es el simple hecho de que es un remedio casero y
significa que el paciente tiene a alguien que lo cuida. La expresión de cariño que ejemplifica el caldo también se ve res-
paldada por ciertas propiedades concretas que posee: un sabor
agradable pero no fatigante, ingredientes fáciles de tragar, etc.
La expresión de este tipo de propiedades por parte de los alimentos puede estar permeada por factores culturales, caracte-

rísticos de pequeños grupos como la familia, e incluso pueden ser el resultado de hábitos individuales.

En cuarto y último lugar, en la cocina se da con cierta frecuencia otro modo de la referencia: la cita. En el lenguaje hablado o escrito podemos citar las palabras de otro en forma de una mención, que es algo distinto del uso. También en el mundo de las imágenes un fotógrafo puede estar mencionando otra imagen, por ejemplo, de una obra de arte o una fotografía de otro fotógrafo. De modo semejante, en el ámbito gastronómico un cocinero puede citar en su plato una receta conocida de otro cocinero o puede citar otra cosa. Una preparación de una sopa puede tener la referencia representacional de un estanque en primavera, pero, además, puede estar citando imágenes conocidas de la historia del arte, como, por ejemplo, las pinturas de nenúfares que Monet pintó en los últimos años de su vida en su jardín de Givenchy. Ese era el caso de un caldo de primavera que preparaba Ferran Adrià en su restaurante elBulli en la cala Montjoi. También su tortilla de patatas deconstruida estaba citando la filosofía de Jacques Derrida, mientras que el risotto deconstruido de Massimo Bottura citaba a Ferran Adrià.

Llegados a este punto de la argumentación, ha llegado el momento de destacar que, como vimos en el capítulo segundo, comer y cocinar son actividades prácticas de primer orden, que forman parte de nuestra forma de vida y configuran ciertos hábitos. Pero estas actividades también pueden convertirse en prácticas reflexivas de segundo orden que posibilitan el distanciamiento crítico respecto a las mismas y nos abren a las modificaciones de nuestros hábitos, a cambiar la forma en que tenemos organizada nuestra vida. En este tercer capítulo acabamos de ver que la comida es un hecho cultural cargado de significado y que en ella encontramos varias de las formas de la referencia que también encontramos en las artes. Así que la pregunta es ahora: ¿en qué medida la co-

cina puede ser arte? O, como lo formulaba el filósofo nortea-
mericano Nelson Goodman, ¿cuándo hay arte?, en lugar de
preguntar ¿qué es el arte?

4. El arte

La pregunta que formulamos al final del capítulo anterior, esto es, ¿cuándo hay arte en la cocina?, tiene una respuesta de carácter positivo, porque la cocina, cuando funciona como una actividad de segundo orden, es análoga a cómo funciona el arte y la filosofía. Por supuesto que la cocina seguramente no es capaz de plantear las sutilezas y las reflexiones profundas que puede generar una tragedia de Shakespeare o un cuadro de Velázquez, pero pueden ser muy parecidas a lo que posibilita un poema dadaísta o una pintura de Kandinsky. De manera que tenemos dos opciones: si nos mantenemos atados al moderno sistema de las artes no llamaremos arte a la cocina más que como figura retórica para emplearla a veces, como una mera licencia hiperbólica, pues las artes serían lo que definía ese sistema durante siglos, a saber: la arquitectura, la música, la danza, la escultura, la pintura, el teatro y la literatura, a las que habría que añadir la fotografía y el cine. Pero si consideramos que ese sistema fue superado por la evolución cultural en el siglo pasado, porque hoy en día cualquier cosa puede ser arte, entonces no tenemos más remedio que aceptar que esas prácticas estéticas que agrupamos bajo nombres como cocina o gastronomía son, en muchas ocasiones, una forma de arte, con independencia del mérito y la calidad de las mismas.

4.1. Arte y cocina: una doble dirección

En la respuesta a la pregunta por la relación entre el arte y la cocina, para empezar, debemos tener en cuenta que se da en una doble dirección. Es decir, por un lado, tenemos a los artistas que se han dedicado y se dedican a producir arte relacionado con el gran tema de la comida. Para estos, en la medida que son artistas, aquello que producen es incuestionablemente arte, sea de la naturaleza que sea lo que produzcan. La comida ha sido un tema de representación artística durante siglos. Desde las pinturas rupestres de animales cazados hasta las esculturas de dioses y diosas comiendo, la comida ha sido una fuente de inspiración para artistas de todo el mundo. Llamamos *food art* a cualquiera de las creaciones artísticas de todos los tiempos que tengan como temática la comida. Los primeros ejemplos de arte de la comida se encuentran en el arte rupestre. Las pinturas rupestres de animales cazados, como las que se encuentran en las cuevas de Lascaux en Francia, representan la importancia de la caza para las primeras sociedades humanas. Estos animales eran una fuente de alimento esencial y su representación en el arte era una forma de celebrar su importancia cultural. El arte de la comida también se encuentra en las culturas antiguas de todo el mundo. En el antiguo Egipto, por ejemplo, las pinturas murales de los templos a menudo mostraban escenas de banquetes con mesas llenas de comida. Estas escenas eran una forma de representar el poder y la riqueza de los gobernantes egipcios. En las antiguas Grecia y Roma, la comida también se representaba a menudo como un símbolo de placer e indulgencia. Las esculturas de dioses y diosas griegos a menudo los mostraban comiendo y bebiendo. Estas representaciones eran una forma de celebrar la belleza y la alegría de la vida. En el arte medieval, la comida a menudo se representaba como un símbolo de fe y devoción. Las pinturas de la Última Cena, por ejemplo, mostraban a Jesús y sus discípulos comiendo pan y vino. Estas representaciones eran una forma de recordar la importancia de la eucaristía en la fe cristiana. La comida también se utilizó en el arte medieval para representar temas morales. Así, las pinturas de los pecados capitales a menudo mostraban a personas comiendo en exceso o consumiendo alcohol en exceso. Estas representaciones eran una forma de advertir sobre los peligros de la indulgencia.

En el arte renacentista, la comida a menudo se representaba como un símbolo de belleza y perfección. Las pinturas de bodegones del siglo XVI, por ejemplo, mostraban arreglos cuidadosamente elaborados de frutas, verduras y flores. Estas representaciones eran una forma de celebrar la belleza de la naturaleza y la habilidad del artista. Los bodegones renacentistas también se utilizaron para representar temas simbólicos. Por ejemplo, las frutas y verduras muchas veces se representaban como símbolos de fertilidad y abundancia. Las flores, por otro lado, frecuentemente se representaban como símbolos de amor y belleza. En el arte moderno, la comida se ha utilizado de modo recurrente para explorar temas sociales y políticos. Las pinturas de Salvador Dalí, por ejemplo, repetidamente mostraban alimentos distorsionados y deformados. Estas representaciones eran una forma de explorar la naturaleza subjetiva de la realidad. El arte de la comida también se utilizó en el arte moderno para representar temas de identidad cultural. Por ejemplo, las pinturas de artistas como Frida Kahlo a menudo mostraban alimentos tradicionales mexicanos. Estas representaciones eran una forma de celebrar la cultura mexicana y de desafiar los estereotipos sobre la comida mexicana.

En el arte contemporáneo, la comida se ha utilizado de muchas maneras diferentes. Algunos artistas la han utilizado para crear instalaciones y esculturas, mientras que otros la han utilizado como un medio para explorar la identidad cultural y la memoria. El arte de la comida sigue siendo un tema popular en la actualidad. Los artistas de todo el mundo la utilizan para crear obras que son hermosas, provocativas e incluso comestibles. El arte de la comida es una forma de celebrar la belleza y la riqueza de esta. Es una forma de explorar nuestra relación con la comida y de comprender su papel en nuestras vidas. Así, tenemos artistas que han trabajado toda la vida en el ámbito de esta temática, como es el caso del suizo Daniel Spoerri, del catalán Antoni Miralda o del argentino de ascendencia tailandesa Rirkrit Tiravanija. También tenemos artistas que, de vez en cuando o alguna vez, han abordado el cocinar, la comida y el comer en sus proyectos artísticos. Por ejemplo, David Hockney ha creado varias pinturas y fotografías de comida. Estas obras son a menudo coloridas y exuberantes y celebran la belleza de la comida. Ai Weiwei ha utilizado la comida para crear instalaciones que exploran temas políticos y sociales. Así, su instalación *Sunflower Seeds* (2010) constaba de millones de semillas de girasol de porcelana extendidas en la sala de turbinas de la Tate Modern en Londres. Esta instalación era una forma de criticar la cultura consumista de China y la vampirización de Oriente por parte de Occidente. La artista feminista Judy Chicago, con su instalación pionera *The Dinner Party* (1979), hoy en el Museo de Brooklyn, reivindicó el papel de las mujeres en la historia, dominada por los discursos patriarcales. Tenemos también a Marina Abramovic con su performance *The Kitchen* (2009), inspirada en la tesis de santa Teresa de Jesús de que Dios anda entre los fogones; pero en su larga carrera como artista, la temática de la cocina no es dominante. Otro tanto podemos decir de la artista portuguesa Joana Vasconcelos y su *Wedding Cake* (2023), una tarta de boda de doce metros de altura hecha en cerámica, por la que se puede pasear en los jardines de la imponente mansión victoriana Waddesdon Manor, al norte de Londres.

Una subclase del *food art* muy importante es la que podemos llamar *edible art* o *eat art*, es decir, cualquier forma de arte comestible o susceptible de ser ingerido. Muy conocidas eran las fiestas de Antoni Miralda con alimentos teñidos con colorantes naturales, pero alterando su color habitual, como por ejemplo pan de molde de color azul o rojo. También el artista danés Olafur Eliasson ha utilizado la comida para crear experiencias sensoriales. Por ejemplo, su proyecto *The Kitchen Studio* exploró con otros artistas aspectos del mundo de la comida que dieron lugar a un nuevo recetario. Eran formas de explorar la relación entre la comida, la luz, el espacio, las texturas y los colores, y exploraron el terreno de los que venían en la otra dirección, es decir, de los cocineros.

Efectivamente, del otro lado tenemos a los cocineros que, consciente o inconscientemente, voluntaria o involuntariamente, han explorado el terreno del arte. El caso del cocinero catalán Ferran Adrià es quizás el más relevante históricamente hablando. Hay que recordar que, cuando este célebre mago de la cocina estaba en el punto más álgido de su popularidad internacional, en 2007, recibió la invitación de la Documenta de Kassel para participar como artista en la más grande exhibición de arte contemporáneo, y su restaurante, elBulli, se convirtió en el pabellón G de esa macroexposición. En aquel tiempo se desencadenó una discusión a todos los niveles acerca de si la cocina es o puede ser arte, con sus partidarios y sus detractores. Críticos de arte, críticos gastronómicos, filósofos, periodistas y opinadores de toda suerte se enzarzaron en una polémica que más bien lo que consiguió fue agobiar a Ferran Adrià, quien terminó huyendo del enloquecido mundo del arte y reafirmándose en su condición de cocinero. Una vez depositado el polvo de esas batallas, sin embargo, la cuestión ha quedado abierta sin levantar aquellas pasiones.

Como hemos dicho, nuestra posición es que la comida puede ser arte si funciona como arte. Pero con ello no hemos dado con la solución al problema, puesto que ahora la pregunta es ¿cuándo funciona la comida como arte? y, sobre todo, ¿por qué?, ¿cómo es posible? Para argumentar nuestra respuesta vamos a tener que recurrir a dos conceptos relativamente nuevos que nos ayudarán a entender el mecanismo que permite que una comida funcione como arte. Dichos conceptos son la artificación y la cognificación.

4.2. Artificación y cognificación

Los artistas del siglo XX nos demostraron varias cosas sorprendentes. Primero, que cualquier cosa puede ser arte, es decir, que se puede hacer una obra de arte con cualquier cosa. Segundo, que en arte se acabaron las normas, *everything goes*, todo vale, aunque no todo valga igual. Tercero, como sentenció Joseph Beuys, *Jeder Mensch ist ein Künstler*, todos somos artistas. Podría pensarse que estas sentencias solo son exageraciones, fórmulas hiperbólicas para la polémica, pero para bien o para mal son literalmente ciertas. En el pasado, para ser artista había que dominar unas técnicas artesanales que a menudo costaban años de aprendizaje. El gesto pionero de Marcel Duchamp convirtiendo objetos de la vida cotidiana en obras de arte —sus ready-mades de la época de la Primera Guerra Mundial— descubrieron que cualquier cosa se puede convertir en una obra de arte, aunque en su momento nadie se tomara muy en serio este poder del artista que recuerda al del rey Midas. Sin embargo, a partir de los años sesenta, los artistas adoptaron masivamente el principio duchampiano. Desde la filosofía, Arthur Danto, en 1964, tras visitar la exposición de Andy Warhol de las *Brillo Box* en la Stable Gallery, redescubrió el problema filosófico de la indiscernabilidad (término de origen leibniziano), esto es, el problema de cómo es posible que dos objetos visualmente iguales sean uno un mero diseño comercial y el otro una obra de arte, o sea cosas distintas. Warhol había procedido a apropiarse del diseño de un grafista llamado James Harvey de unos cartones para el transporte de unos estropajos acoplados a unas pastillas de jabón destinados a la limpieza de las baterías de cocina de aluminio, entonces un material futurista de moda, pero que con el uso se vuelve feo y sucio. Warhol hizo fabricar en madera contrachapada noventa y tres cajas idénticas a los cartones que podían encontrarse en los supermercados de todo el país (y diecisiete de color amarillo más pequeñas) y las exhibió en su exposición con un precio de venta de varios cientos de dólares de 1964. Aunque algunos se resistieron y criticaron la exposición, lo cierto es que el mercado le compró las obras. Esa operación actualmente habría sido imposible por el desarrollo del derecho a la propiedad intelectual, que entonces no protegía los derechos del verdadero autor del diseño, quien desgraciadamente murió en 1965 sin ver un dólar.

Más tarde, en los años setenta, empezaron a ocurrir otros fenómenos extraños en el mundo del arte. Grandes museos, como el Metropolitan de Nueva York (MET), empezaron a abrir divisiones nuevas: la sección de fotografía, por ejemplo, pero también las divisiones de arte de otras culturas que hasta entonces no habían tenido cabida en la historia del arte, como el arte de los pueblos de Oceanía, de África o de las Américas. La exposición permanente del arte de estos pueblos en el MET no se inauguró hasta 1982. De repente, los objetos que hasta entonces solo se podían ver en los museos de etnografía o antropología como artesanías de «pueblos primitivos» pasaron a ser obras de arte en los museos de bellas artes. Lo que había sucedido es que había comenzado un cambio en la narrativa de la historia del arte provocado por el final del colonialismo y el comienzo del despliegue de las visiones postcoloniales y, luego, decoloniales. Así que las artesanías como las máscaras y esculturas africanas de los pueblos dogón pasaron a ser reconocidas como arte en la nueva narrativa oficial que se extendería con la globalización. Atendiendo a estos hechos emblemáticos del mundo del arte, podemos empezar a aclarar qué significado tiene la palabra *artificación*.

La palabra *artificación*[1] designa el fenómeno cultural consistente en convertir en arte alguna práctica que no se consideraba artística. Podríamos hablar de un sentido débil de esta palabra. Por ejemplo, quien luego sería presidente de los EE. UU., Donald Trump, se hizo famoso en los años ochenta con un libro que fue *bestseller* del *New York Times* titulado *The Art of the Deal*. Desde luego, de cualquier cosa se puede predicar que es un arte. Además del arte de hacer mucho dinero, por ejemplo, tenemos el arte de la guerra, el de estafar, asesinar, expoliar o simplemente jugar al póquer. Este sentido débil de la palabra artificación no tiene por qué interesarnos aquí. Sí, en cambio, los ejemplos que hemos comentado en párrafos anteriores. Así, podemos hablar de un fenómeno de *artificación institucional* a propósito del viaje de los artefactos antropológicos desde los museos de etnografía hasta los museos de bellas artes en el último tercio del siglo pasado, o también del proceso de reconocimiento institucional de ciertas nuevas prácticas artísticas. El mundo del arte de los años sesenta le reconoció como arte a Andy Warhol cosas que no habrían tenido ese reconocimiento unas décadas antes, algo que en realidad no era enteramente nuevo, dado que entre las vanguardias históricas abundaron los fenómenos de esta suerte. ¿Quién habría reconocido como arte en el siglo XIX una pintura monocroma o una pala de nieve? Los fenómenos de artificación institucional han sido un cierto lugar común en los últimos ciento veinte años. La llamada teoría institucional del arte se fija obsesivamente en

1. Vilar (2018).

este aspecto: algo sería arte porque lo decide el mundo del arte. Sin embargo, la institucionalidad no es enteramente decisiva siempre. En realidad, si consideramos qué ocurrió con los ready-mades de Marcel Duchamp tendremos que aceptar que no consiguieron ningún reconocimiento institucional hasta la segunda mitad del siglo XX. La famosa *Fontaine* de 1917, una de las obras de arte más importantes del siglo según todos los historiadores, fue rechazada en la exposición del Armory Show de aquel año y terminó perdiéndose, pues el comité de selección integrado por vanguardistas radicales no pudo con la propuesta duchampiana y fue rechazada. Y, sin embargo, ya entonces, medio siglo antes de su reconocimiento institucional, era una obra de arte. Entonces, ¿dónde estaba el arte?

Para explicarlo se necesita algo más que la teoría institucional. La artificación estética, que puede o no coincidir con la artificación institucional, es el proceso por el que algo se convierte en un dispositivo estético, en un dispositivo para la reflexión, en una ocasión para el pensamiento abierto. El urinario de Duchamp era una pieza de cerámica industrial que generalmente se ubicaba en los baños públicos para que los hombres hicieran sus necesidades, un objeto funcional en el orden de la vida cotidiana creado por la tecnología industrial de los tiempos de la Gran Guerra. Los cartones de estropajos Brillo eran contenedores para el transporte de esa mercancía a los puntos de distribución comercial. La pregunta que Danto no acabó de responder claramente acerca del carácter indiscernible de los objetos reales y las obras de arte como las de nuestros ejemplos se puede responder recurriendo al concepto de *cognificación*. Un objeto real, o algo integrado en una práctica social de primer orden, se puede artificar, convertir en una obra de arte, en la medida que se cognifica. Cognificación es un término que viene de la jerga de la inteligencia artificial y significa transformar un objeto estúpido y sin espíritu en un dispositivo dotado de cierto nivel de inteligencia. Las aspiradoras siempre fueron estúpidas, pero cuando fueron dotadas de sensores y de programas inteligentes adquirieron un grado de autonomía que les permitía trabajar automáticamente. La cognificación de parte de nuestro entorno tecnológico es algo que está ocurriendo a toda velocidad ante nuestros ojos. Al menos en un sentido analógico, las artes de los últimos cien años han experimentado con procesos de cognificación de objetos y prácticas sin necesidad de grandes innovaciones tecnológicas, aunque acaso próximamente veamos proyectos artísticos con ejemplos fuertes y literales de cognificación. En cualquier caso, sobran los ejemplos de artificación como cognificación en el arte contemporáneo. Nuestro ejemplo favorito es la *Empty Shoe Box* del artista mexicano Gabriel Orozco de 1993, consistente en una simple caja de zapatos vacía colocada originalmente en un pasillo del Arsenale durante la Bienal de Venecia de ese año. Una parte del público no supo ver y reconocer la obra, pero otra parte vio el dispositivo para la reflexión hasta el punto de que el afamado crítico de arte Benjamin Buchloh le dedicó todo un ensayo y esta obra pertenece hoy a los fondos del MoMA de Nueva York. La obra de Orozco es un magnífico ejemplo de que la cognificación significa convertir un objeto en una máquina de pensar, en un dispositivo de pensamiento, en una invitación al conocimiento. Una obra de arte es un dispositivo para la reflexión estética, algo que destacamos del flujo de la vida ordinaria para pasarlo a un segundo nivel, por referirnos a las ideas de Alva Noë, algo que nos posibilita ver las cosas de otra manera y eventualmente cambiar nuestras prácticas.

Los conceptos que se acaban de introducir pueden ser útiles para comprender qué es lo que ha estado ocurriendo en el mundo de la cocina y la gastronomía en las últimas décadas. Lo que le pasó a Ferran Adrià en 2007, cuando lo nombraron artista desde la institución Documenta, fue un caso claro de artificación institucional, cuestionada por muchos, empezando

por él mismo. Pero otra cosa es hasta qué punto la obra gastronómica de Adrià y de muchos otros cocineros fue un proceso
de artificación estética, esto es, de cognificación de la cocina.
Esta sería, pues, la tesis a defender.

4.3. Cocina revolucionaria, cocina de investigación, ideas estéticas

La tesis filosófica acerca de la cognificación, es decir, la tesis
según la cual cualquier cosa puede convertirse en una obra de
arte si se transforma en un dispositivo para la reflexión, tiene
sus antecedentes históricos. Probablemente, el primero que
apuntó en esta dirección fue el viejo filósofo de Königsberg
Inmanuel Kant, en su *Crítica de la facultad de juzgar* (1790), con
su noción de las *ideas estéticas* (§ 49). *La tortilla de patatas deconstruida* (1996) o el *Piña colada, barbapapá que se va* (2004) de Ferran Adrià son preparaciones que convierten en sensible una
idea estética, que es lo contrario de una idea de la razón. Estas
últimas son conceptos a los que no les corresponde ninguna
experiencia, como la idea de Dios o del alma inmortal, mientras que las ideas estéticas son intuiciones sensibles a las que no
les corresponde un concepto determinado. En el párrafo 49 de
la tercera crítica, Kant escribió que las verdaderas obras de arte
son aquellas que exponen una idea estética, y que una idea estética, a diferencia de las demás clases de ideas, incluyendo las
científicas y las filosóficas, «es una representación de la imaginación que incita a pensar mucho, sin que, sin embargo,
pueda resultarle adecuado un pensamiento determinado, es
decir, concepto alguno, y que, por lo tanto, ningún lenguaje
la alcanza del todo ni puede hacerla comprensible». Esto es,
una idea estética podemos verla, oírla, sentirla a través de todos
nuestros sentidos, pero no se deja encerrar en un concepto,
por eso da qué pensar indefinidamente. Es lo que usualmente

nos encontramos en una instalación artística, que puede con-
tener información en forma de vídeos y de textos, pero cuyo
significado debe elaborar cada receptor que la visita.

Exactamente doscientos años después de Kant, el filósofo
francés Gilles Deleuze, en el último tramo de su vida, pre-
guntándose acerca de las diferencias entre arte, ciencia y filosofía, y acerca de la naturaleza de cada una de estas prácticas,
acuñó el concepto de *percepto*, que, aunque Deleuze no lo
afirmara explícitamente, es una reconceptuación de la noción
kantiana de idea estética. Su tesis fue que las tres prácticas
mencionadas crean o inventan ideas. Así, por ejemplo, a las
ideas científicas las llamó funciones, mientras que a las ideas
filosóficas las denominó conceptos. Los científicos inventan
funciones como las ecuaciones de la teoría general de la rela-
tividad o la teoría de la evolución en función de la adaptabili-
dad. Los filósofos, por su parte, crean conceptos. Él mismo
creía haber contribuido a la filosofía habiendo creado conceptos tales como *cuerpo sin órganos, pliegue, rizoma* o *ima-
gen-movimiento*. Por su parte, los artistas son aquellos que crean
perceptos. Los perceptos son «conjuntos de percepciones, de
sensaciones que sobreviven a aquellos que los experimentan».
Los perceptos pictóricos, por ejemplo, inventados por los im-
presionistas o por Francis Bacon, están arrancados de las
percepciones, a las que retuercen para convertir en algo dura-
dero, en algo independizado de la subjetividad de quien per-
cibe. La tesis universal de Deleuze es que los perceptos ya no
son percepciones, son independientes y exceden cualquier vivencia. Así, cada obra de arte lleva encarnado un percepto
que se ofrece al pensamiento del receptor para que este haga
su vivencia, pero cuando esta ya se ha producido, el percepto
sigue ahí, indefinidamente abierto a nuevas vivencias. El arte,
a diferencia de la filosofía, piensa mediante perceptos y afectos,
es decir, el arte es un modo de pensar con los sentidos, pensar
con las manos, pensar con los ojos, pensar con las orejas, pen-

sar con el cuerpo. Aunque no podemos aquí exponer con detalle esta noción deleuziana, creo que con lo dicho basta para esbozar la línea argumentativa que estamos proponiendo. Lo que hace que una obra estética sea más lograda, menos lograda o fracasada depende de que incorpore un percepto (una idea estética habría dicho Kant). Los perceptos, cuando se dan, lo hacen con una determinada fuerza estética, es decir, con una capacidad de atracción sobre nuestra atención sensorial que despierta nuestro pensamiento, nuestra reflexión sobre el sentido y el significado de aquello que percibimos. Esto último vale para el arte en general y para la cocina de vanguardia, tecnoconceptual, tecnoemocional o revolucionaria o como se la quiera llamar, que comenzó su andadura en los años noventa del siglo pasado, cuando algunos cocineros empezaron a experimentar con los ingredientes, con las preparaciones, con las presentaciones y demás, de modo análogo a cómo, en la primera década del siglo XX, los artistas visuales, los escritores o los músicos empezaron a buscar nuevos medios, nuevos lenguajes, nuevas técnicas y nuevos mensajes en las distintas artes, lo que desencadenó el vendaval de las vanguardias artísticas que no se agotaría hasta finales de los años setenta. La cocina de vanguardia recorrió su camino a mucha más velocidad que las artes, como se corresponde con esta sociedad de la aceleración. Parafraseando la terminología de Thomas Kuhn, hemos pasado rápidamente de la fase revolucionaria a la fase de normalidad. En el presente, la cocina vive en el paradigma de la creatividad y experimentación que iniciaron cocineros como Adrià, Blumenthal, Aduriz, Bottura, Acurio y muchos otros. Los grandes cocineros del presente, como David Muñoz, Leonor Espinosa, Grant Achatz, Joan Roca o Helena Rizzo, se mueven dentro del paradigma inaugurado en los noventa por la generación anterior y es improbable que se produzca próximamente una nueva revolución culinaria.

Una de las novedades que se produjo en el mundo culinario poco antes de que se entrara en la fase de normalidad y de
modo temporal y cualitativamente parecido a lo que ha ocurrido también en el mundo del arte, es el paso de la exploración alocada de la primera época a la investigación metódica.
Todo aquello que ha ocurrido en las artes desde la primera
década del siglo XXI bajo la etiqueta de 'investigación artística'[2] también ha ocurrido de modo análogo en el ámbito de la
cocina. La investigación culinaria, gastronómica o gustatoria
consiste en la introducción metódica de procedimientos de investigación en los distintos aspectos de la creación culinaria y
los modos de degustación con objeto de generar nuevos conocimientos culinarios. Fue Ferran Adrià quien decidió primero
cerrar su restaurante seis meses al año para dedicarse a investigar en su taller de la calle de la Portaferrissa de Barcelona y a
viajar para estudiar otras cocinas del mundo. Adrià crea un
equipo de investigación y el taller empieza a funcionar como
un lab. Fruto de estos procesos de investigación son sus nuevas
recetas desde principios de siglo. Lo característico de estas pro-
ducciones, resultado de proyectos de investigación gastronómica, es que, análogamente a los proyectos de investigación
artística, la fuerza estética se combina con la fuerza cognitiva,
puesto que el sentido de toda investigación es la generación de
nuevos conocimientos. En 2006 Adrià sostenía que «la investigación se afirma como nueva característica del proceso creativo culinario».[3] Por poner solo un ejemplo de estos resultados
de la investigación, consideremos el *aire de zanahoria con leche
amarga de coco* (2003). Los diversos experimentos del chef lo
llevaron a dar con un gran descubrimiento para la cocina: la
lecitina de soja. Esta permite generar texturas «tan aéreas y efímeras como las pompas de jabón». Solo se necesita un poco de

2. Vilar (2021).
3. https://elbullifoundation.com/nuestra-cocina-23-puntos/, punto 12.

este elemento y un líquido para batir. Sin embargo, más adelante supo que la lecitina de soja no era necesaria en todos los casos. Creó así su famoso aire de zanahoria, un bocado fugaz pero delicioso. Este plato combina la dimensión reflexiva, por su sorprendente textura, sabor y consistencia, con nuevos conocimientos técnicos acerca de la producción de aires, una nueva técnica descubierta por el equipo de elBulli en sus periodos de investigación.

Todo esto nos lleva a un nuevo capítulo de estas reflexiones sobre la estética gustatoria. La historia de la comida, del comer y del cocinar es muy rica y variada, llena de viajes y desplazamientos, de invenciones mayoritariamente anónimas y de hallazgos memorables. Las abuelas eran las depositarias de los recetarios heredados y las maestras de sus hijas y nietas. Pero la cocina para los nobles fue cosa de hombres. La Revolución Francesa dejó a los cocineros de la nobleza sin trabajo y los empujó a crear los restaurantes donde la nueva burguesía pudo gozar de los conocimientos culinarios que aquellos atesoraban. El gran valor era el de los canelones de la abuela o el de la receta del pollo al vino del restaurante de toda la vida. La cocina nunca dejó de evolucionar, pero el saber culinario se guardaba bajo siete llaves. Los cocineros guardaban sus recetas como oro en paño. Todavía en 2007, una comedia romántica bastante popular, *Sin reservas*, protagonizada por Catherine Zeta-Jones y Aaron Eckhart, describe un mundo culinario que reposa en el secreto de la salsa de azafrán de la protagonista. Todo este mundo se quedó en realidad en el siglo pasado. Hoy el mundo de las experiencias gastronómicas, por un lado, se parece mucho más al mundo de la innovación tecnológica y científica abducido por la pulsión de lo nuevo y del futuro, y por la sociedad postpandémica, todavía en expansión exponencial en las redes sociales y la inteligencia artificial. Pero, por otro lado, es un mundo de reacción frente al cambio que no sabemos a dónde nos lleva y que nos invita a revisitar lo que ya conocíamos y a no olvidar de dónde veníamos frente al salto al vacío. No es esta una contradicción nueva. La modernidad lleva viviéndola en todos los campos desde el siglo XVIII. Lo nuevo solo es nuevo frente a lo conocido, lo viejo se renueva y lo muerto se entierra.

5. Creatividad, investigación, libertad

Creatividad es un palabro con una historia bastante más corta de lo que la mayoría de la gente cree. La introdujeron psicólogos norteamericanos en los años setenta del siglo pasado y, con la expansión del neoliberalismo económico y político a partir de los años ochenta, su uso se generalizó como una bandera de lo que el nuevo capitalismo tenía como valor central. El imperativo categórico del capitalismo de Thatcher y Reagan era ¡hay que ser creativos! En la crisis de 2008, que nos llevó a la Gran Recesión, se decía a los que habían quedado en el paro: si has perdido tu trabajo, ¡crea, invéntate un nuevo trabajo! A pesar de que la creatividad es un concepto ideológico propiciado por la cultura capitalista de las últimas décadas, lo cierto es que en el fondo designa una capacidad antropológica que caracteriza a nuestra especie. No somos seres que basan su existencia en unos instintos seleccionados a lo largo de millones de años. La selección en nuestro caso incorporó la sustitución de los instintos por la cultura y nuestra capacidad para crearla en interacción con la naturaleza. Los sapiens no tenemos una naturaleza sobre la cual desarrollamos la cultura, sino que naturaleza y cultura forman un todo inseparable. Y en ese todo está la capacidad para inventar, para crear toda suerte de cosas, desde el lenguaje, pasando por las instituciones, hasta la música y la poesía. Cualquier madre chimpancé sabe cómo amamantar a su cría. Una madre humana, sin las instrucciones de su madre o de las abuelas, no tiene ni idea de lo que hay que hacer con su bebé. Los sapiens empezamos en la vida comiendo no por mera naturaleza sino por la cultura de la lactancia. Eso si no entramos al mundo tomando un sustituto artificial de la leche materna. Pero ello significa que los humanos somos creativos por naturaleza, como un rápido vistazo a la historia de nuestra especie hace patente. De otro modo seguiríamos en la sabana del este africano subiendo a los árboles al atardecer para protegernos de los depredadores. Ya no somos comida para otros animales, sino que le dimos la vuelta a la situación del pasado siendo creativos, inventando e innovando. Hoy en día, ciertamente, la creatividad y la innovación han adquirido un carácter mítico,[1] pero ello no obsta para reconocer que sin esa capacidad no seríamos lo que somos y, por consiguiente, que la creatividad es parte de nuestra naturaleza como especie es una verdad que, aunque se pueda formular de distintas maneras, no podemos obviar. Y la creatividad la observamos claramente en la cocina. Los homínidos que llamamos *Homo erectus* inventaron el fuego hace un millón de años y con ello abrieron un mundo de posibilidades a la cocción de los alimentos. En las migraciones de los sapiens que salieron en distintas olas de África en los últimos cien mil años, nuestros ancestros se adaptaron a las condiciones climáticas cambiantes que se encontraron, aprendieron a cocinar nuevos productos y modificaron su dieta todo lo que hizo falta, por necesidad o libremente. Así, tenemos la riquísima historia de la alimentación y la cocina de la humanidad, que solo conocemos par-

1. Reckwitz (2017).

cialmente.[2] La creatividad en la cocina contemporánea solo es la continuación de una larguísima historia de la que no hemos sido muy conscientes hasta recientemente. ¿Pero qué tiene que decir la estética gustatoria sobre la creatividad en la cocina?

5.1. Lo nuevo

En la cocina hay diversos aspectos de la creatividad que tienen que ver con la ciencia y la tecnología, con la economía, con los valores culturales y la estética que no se pueden reducir a una misma cosa. Esta complejidad se evidencia en el hecho de que la creatividad es el Santo Grial del mundo económico de las últimas décadas y la piedra filosofal buscada por todas las escuelas de negocios. Aunque abundan los másteres que pretenden enseñar a ser creativo y los libros que venden las llaves de la innovación, desgraciadamente nadie sabe cómo ser creativo ni cómo enseñar a ser innovador. La creatividad es una caja negra de la que, a partir de los *outputs*, podemos *post festum* reconstruir los *inputs*, pero nunca encontrar una metodología general, ni siquiera para un campo específico. Las palabras creación y creatividad provienen del latín *creatio*, un término que originalmente significaba crear a partir de la nada y que servía para traducir el Antiguo Testamento, especialmente en el *Génesis*, donde se cuenta la creación *ex nihilo* mediante la palabra divina (¡Hágase la luz!). Crear era entonces algo exclusivo de Dios y la terminología era propia de la teología y el lenguaje religioso, pues los seres humanos no podemos crear a partir de la nada y nuestro lenguaje tampoco tiene ese poder generador. Los humanos transformamos, modificamos y alteramos lo previamente existente. Sin embargo, durante el Re-

2. Caballero (2018), Bullipedia (2020) y Helstosky (2015).

nacimiento, la terminología para designar el engendrar, el generar y el producir incorporó paulatinamente la vieja terminología teológica para emplearla, primero, con los artistas y
poetas. Así, en su *Poética*, Giulio Cesare Scaligero denominó al
artista un *alter Deus*, un segundo Dios, porque, a semejanza de
cómo Dios creó el mundo, el artista crea sus pequeños mundos que son los poemas o las pinturas. La generalización de la
visión del artista como genio creador difundió el uso de la terminología de la creación al mundo de las artes y, en la segunda
mitad del siglo xx, a su democratización relacionada con el
imperativo categórico del capitalismo neoliberal, que exige a
cada cual ser creativo y que pone como paradigma de creativos a los publicitarios y especialistas en márquetin.

Sin embargo, aunque nadie sabe muy bien qué es la creatividad, algunas cosas se pueden decir. Por ejemplo, que hay
tres niveles de la creatividad que tienen que ver con lo nuevo,
con lo original y con lo ejemplar. En realidad, estos tres niveles o dimensiones ya los había especificado Kant en su teoría
del genio; pero vamos a comentarlos en particular para el caso de
la cocina.

Empecemos con lo nuevo. ¿Qué es una novedad? La
creación de novedades consiste en hacer aparecer o producir
algo *nuevo* a partir de lo conocido. Por ejemplo, desde 2007
casi cada año aparece un nuevo iPhone y desde 1999 un nuevo Ford Focus. Cada vez que se lanza al mercado un nuevo
producto, la publicidad se encarga de subrayar las diferencias
con los modelos anteriores, aquello que se ha mejorado, mo-
dificado o embellecido, pero lo cierto es que, si ponemos todos los modelos publicitados en fila y los comparamos, vere-
mos que son bastante parecidos y que tienen diferencias no tan
significativas, sobre todo si comparamos el último modelo con
el anterior. No cabe duda que, en su momento, todos esos
modelos fueron nuevos hasta que dejaron de serlo. Lo nuevo
ya nace condenado, porque, pasado un cierto tiempo, dejará

de ser nuevo. La cultura moderna ama la novedad y su mejor paradigma es la moda, que nos exige el cambio permanente y encontrar lo nuevo, aunque sea en el infierno, como decía el poema de Baudelaire, o en el retorno de lo antiguo, como observó Walter Benjamin. La cocina no ha escapado a la maquinaria de la modernidad, aunque lo haya hecho más tarde que otras prácticas sociales. La pulsión creativa en la cocina tuvo algunos antecedentes en la época de las vanguardias, como fue el caso de la *cucina futurista* de Marinetti. Pero no fue hasta la *nouvelle cuisine* francesa, a partir de los años sesenta del siglo pasado, que lo nuevo empezó a entrar con fuerza en el mundo de la cocina. La nueva cocina francesa era moderada en innovación comparada con lo que vendría más adelante. En contraste con la cocina clásica, una forma más antigua de la alta cocina, la *nouvelle cuisine* se caracterizaba no tanto por platos nuevos como por platos más ligeros, más delicados y con un mayor énfasis en la presentación. En la actualidad, medio siglo después de esos inicios, la búsqueda de lo nuevo se ha instalado en el centro de las vidas, tanto de los comensales como de los cocineros, y con ella llegaron las modas, algunas para quedarse como una opción cotidiana. El sushi es un buen ejemplo de ello. Luego vino el ramen. En cierto momento, el poke se puso de moda, aunque no es evidente que vaya a integrarse en la vida cotidiana. En los últimos tiempos, por influencia de las series de televisión coreanas, se está poniendo de moda el kimchi, el tteokbokki y los restaurantes coreanos. Los comensales andamos detrás de lo nuevo o de las nuevas presentaciones de lo ya conocido. Otro tanto puede decirse de los cocineros, siempre renovándose, aunque también los hay que, frente a este culto a lo nuevo, prefieren mantenerse ligados a la tradición. Al fin y al cabo, a todos nos gusta revisitar de vez en cuando el pasado. Todo ello, en suma, ha hecho que el mundo de la crítica gastronómica y la información en aplicaciones, en webs y en redes hayan adquirido una importancia acorde con el gigantesco volumen del mercado gastronómico y el mundo de la alimentación, y cuyo motor está en buena medida en la oferta y la búsqueda sin freno de la novedad.

La novedad, sin embargo, no es lo mismo que la *originalidad*. Para que sea original algo tiene que ser primero nuevo, pero no a la inversa. Algo puede ser nuevo, pero no original. Para volver a nuestros ejemplos anteriores: la última versión del iPhone es una novedad, pero no es original. Se parece demasiado a los modelos anteriores incluso si su carcasa ahora es de titanio en algún modelo. En cambio, cuando aparecieron los teléfonos inteligentes que se pueden doblar, ahí sí que encontramos algo original y distinto: móviles cuya pantalla se puede hacer el doble de grande desplegándolos o bien que se pueden hacer la mitad de tamaño plegándolos. La originalidad es un distintivo de la creatividad de grado superior a la novedad. La cocina de vanguardia no solo era nueva, sino que con gran frecuencia era original, a diferencia de la mayoría de las preparaciones de la nueva cocina francesa anterior, que, efectivamente, haciendo honor a su nombre, era nueva, pero poco original. No hay duda de que eso es lo que llamó la atención internacional de la cocina de elBulli y su equipo: que era una cocina no solo nueva sino original, al menos desde su famosa *menestra de verduras en texturas* de 1994, donde bajo el nombre común de menestra se presentaba algo nunca visto que Ferran Adrià denominó *cocina tecnoconceptual*, pues las verduras se presentaban en distintas texturas, como espumas generadas mediante el uso de un sifón, todo ello formando una composición de colores muy harmónica. Otro ejemplo de la originalidad que caracteriza la cocina de vanguardia lo tenemos en la cocina de Heston Blumenthal, defensor de la cocina multisensorial. La expresión más completa de su filosofía multisensorial es probablemente el plato *Sound of the Sea*, que apareció por primera vez en el menú de su restaurante Fat Duck en 2007. En él se utilizan ingredientes con un carácter y sabor claramente oceánicos: algas secas, algas hijiki, anguilas, navajas, berberechos, mejillones y erizos de mar forman un campo que tiene la apariencia de la orilla de la costa, completado con espuma de mar y arena comestible. Se sirve en una caja con tapa de cristal que contiene arena auténtica y se acompaña de unos auriculares que transmiten los sonidos de las gaviotas y del mar mediante un pequeño iPod (colocado en una caracola) y unos auriculares. La idea, según Blumenthal, era «crear un mundo, transportar al comensal —a través del sonido, a través de la comida, a través de una apelación integrada a los sentidos— a otro lugar».[3] De modo parecido, Massimo Bottura, propietario de la Osteria Francescana en Módena, se hizo famoso por sus originales preparaciones llenas de humor, como *Oops mi è caduta la crostatina al limone!* Un postre de tarta de limón presentada espachurrada, como si se hubiera caído al suelo. También su *Crocantino de foie-gras*, donde el foie se presenta como si fuera un polo de helado crocanti cubierto de avellanas caramelizadas del Piamonte y almendras tostadas de Noto y relleno de vinagre balsámico añejo de Villa Manodori, en Módena, donde se encuentra la Osteria Francescana), todo ello en un divertido juego de formas, texturas y sabores cargado de una ironía que raramente se encontraba en las cocinas anteriores a los años noventa.

Sin embargo, la novedad y la originalidad no agotan las formas de la creatividad que resultan relevantes en una estética gustatoria. Kant consideraba que la forma más elevada de la creación es la propia del genio artístico, porque los grandes artistas lo que hacen es dar reglas al arte, es decir, dar modelos o paradigmas de creación, para que los artistas que no son genios puedan crear sus obras siguiendo las reglas introducidas por estos últimos. Kant llamó a este tipo de obras *ejemplares*. La ejemplaridad consiste en la propiedad de ser modelos sobre los

3. Blumenthal (2008), p. 23.

que hacer variaciones. Volviendo a nuestros ejemplos. Los iPhones recientes son nuevos, pero no son originales. Sin embargo, el primer iPhone que Steve Jobs presentó en 2007 no solo era nuevo y original, sino que también era ejemplar. Lo ha sido hasta hoy porque fue el primer teléfono inteligente que ya no era un teléfono móvil como los que existían en la década anterior, como los Motorola, las Blackberry o los Nokia. El teléfono inteligente era un nuevo concepto para un gadget que nos cambiaría la vida. Ello se ve en que fue un modelo que casi todas las demás compañías imitaron haciendo sus propias versiones. Y los que no lo tomaron como modelo, como Nokia o Blackberry, perdieron su mercado. El iPhone era un nuevo tipo de teléfono móvil, revolucionario. Steve Jobs dio un nuevo paradigma al mundo de la telefonía de modo semejante a como lo había sido el cubismo, el collage, la abstracción o el ready-made en el mundo del arte de principios de siglo. Picasso y Duchamp dieron nuevas reglas al arte de las que han estado viviendo los artistas hasta el día de hoy.

En el ámbito de la cocina encontramos algo parecido. Alguien debió de inventar la tortilla de huevo u *omelette*. Probablemente en la prehistoria alguien tuvo la idea de batir unos huevos y extenderlos sobre una superficie caliente dándole alguna forma, normalmente plegada. Quien inventó la tortilla a la francesa, sin embargo, inventó algo más, inventó la madre de todas las tortillas porque constituye un modelo que se puede variar añadiéndole otros ingredientes, como hierbas o verduras, queso, gambas, hongos o lo que se quiera. La tortilla fue un invento ejemplar. Si regresamos a la cocina de vanguardia, a Ferran Adrià se le considera un genio de la cocina; más aún, se le considera un artista de la cocina porque ha introducido nuevas técnicas, como la *deconstrucción*, y ha descontextualizado este concepto del mundo del arte, un procedimiento consistente en aislar los diversos ingredientes de un plato, generalmente típico, y reconstruirlo de manera inusual, de tal modo que el aspecto y la textura sean completamente diferentes pero el sabor permanezca inalterado. Adrià también inventó las espumas (que crea utilizando sifones), la *esferificación* (empleo de alginatos para formar pequeñas bolas de contenido líquido), así como el empleo de nitrógeno líquido o la liofilización. Todas estas invenciones, ya sean tecnológicas o no, permitieron abrir la cocina a formas radicalmente nuevas de cocinar y de degustar los alimentos. Algunas herramientas, como el sifón, han quedado incorporadas en las cocinas de todo el mundo. Algunas técnicas, como la esferificación, han tenido su esplendor y decadencia, pero ahí están para quien quiera usarlas, porque siguen siendo ejemplares en el sentido en que usamos este término aquí, esto es, que son modelos para su variación infinita.

5.2. Investigación

Como ya hemos dicho en el capítulo cuarto, la cocina de vanguardia incorporó bastante pronto la investigación culinaria en sus prácticas metódicas, de modo semejante a como las artes lo vienen haciendo desde mediados de la primera década del siglo. La relación de la creación con la investigación ha llevado a algunos a introducir una expresión mixta, la *research-creation* o investigación-creación, para subrayar la conexión entre ambas, pero a la vez la diferencia, pues se puede investigar mucho sin ser creativo, y al revés, se puede ser muy creativo sin investigar. Aunque la expresión no haya tenido demasiado éxito en general, tampoco en el mundo de la cocina, sin embargo, recoge bastante bien una descripción de lo que domina hoy en día en el mundo gastronómico. Además, en estos momentos, estamos asistiendo a un nuevo fenómeno tecnológico que está cambiando muchas cosas en el mundo y que constituye un buen ejemplo de esta conjunción de la creación y la investigación;

nos referimos a la inteligencia artificial. Aunque OpenIA solo puso a disposición del público el ChatGPT en noviembre de 2022, desde ese momento estamos asistiendo a una auténtica revolución en muchos frentes. En el ámbito de la alta cocina, algunos chefs han empezado a utilizar la IA como herramienta creativa para generar nuevas ideas y combinaciones de sabores. Por ejemplo, el chef español Andoni Luis Aduriz, del restaurante Mugaritz, ha desarrollado un programa de IA llamado Gastronomía Molecular que utiliza algoritmos de aprendizaje automático para generar nuevas combinaciones de sabores y texturas. La inteligencia artificial ha emergido como una fuerza transformadora en diversas industrias y la gastronomía no es la excepción. En la actualidad, las aportaciones de la IA a la cocina han revolucionado la forma en que experimentamos, creamos y disfrutamos la comida. Desde la producción hasta la presentación, la IA ya ha dejado su huella en todos los aspectos del mundo gastronómico ofreciendo innovación y eficiencia.

Como decíamos, uno de los aspectos más notables de la IA en la gastronomía es su capacidad para la creación de recetas y la combinación de ingredientes. Algoritmos avanzados analizan vastas bases de datos de recetas, perfiles de sabor y preferencias culinarias para generar combinaciones inusuales pero deliciosas. Esto ha llevado a la creación de platos únicos y sorprendentes que desafían las expectativas tradicionales. Además, la IA puede adaptarse a las restricciones dietéticas y preferencias individuales, lo que permite una experiencia gastronómica más personalizada. El aspecto visual, la composición, la elección de los ingredientes, la mezcla de sabores, etc., todo ello acaba construyendo el producto final. Y, en este ejercicio, la IA nos ayuda a agilizar el proceso de ideación. En el ámbito de la creatividad culinaria, la IA ha demostrado ser una fuente inagotable de inspiración. Robots de cocina, entrenados en diversas cocinas y estilos culinarios, pueden generar nuevas ideas para platos fusionando ingredientes y técnicas de manera innovadora, pero todo esto no reemplaza la creatividad humana, sino que la potencia al brindar a los chefs nuevas perspectivas y posibilidades para explorar. Aunque la IA puede automatizar muchas tareas rutinarias, las habilidades creativas y el pensamiento crítico seguirán siendo imprescindibles para resolver problemas complejos, idear nuevas soluciones y explorar oportunidades innovadoras. Por lo demás, la IA ayuda en muchos otros aspectos.

En la producción de alimentos, la IA ha mejorado significativamente la eficiencia y la calidad. Los robots equipados con tecnología de visión por computadora pueden realizar tareas como el corte preciso de ingredientes o la decoración de pasteles con una precisión inigualable. Esto no solo acelera el proceso de preparación, sino que también garantiza una presentación impecable. Además, en entornos de producción masiva, la IA ayuda a optimizar la gestión de inventarios y a prever la demanda para reducir desperdicios y costos.

En la gestión de restaurantes, la IA ha revolucionado la experiencia del cliente y la eficiencia operativa. Sistemas de gestión basados en IA pueden prever patrones de demanda facilitando la planificación de personal y la gestión de reservas. Los chatbots impulsados por la IA pueden interactuar con los clientes proporcionando recomendaciones personalizadas, tomando pedidos, gestionando consultas, mejorando la satisfacción del cliente y liberando al personal para centrarse en aspectos más humanos de la experiencia gastronómica.

La IA también ha incursionado en el diseño de menús aprovechando datos sobre preferencias de los clientes, tendencias alimenticias y análisis de costos. Algoritmos avanzados pueden sugerir combinaciones de platos que maximizan el atractivo del menú y optimizan los márgenes de beneficio. Esto no solo beneficia a los restaurantes al mejorar sus operaciones comerciales, sino que también proporciona a los comensales opciones más atractivas y personalizadas.

En fin, la IA ha dejado una marca indeleble en la gastronomía contemporánea, desde la creación de recetas hasta la
producción y la gestión de restaurantes. También ofrece numerosos beneficios en términos de eficiencia, personalización
y creatividad. No obstante, a medida que celebramos las contribuciones de la IA a la gastronomía, es esencial abordar los
desafíos éticos y sociales que surgen. La automatización puede
amenazar empleos tradicionales en la industria alimentaria, y la
dependencia excesiva de la tecnología podría afectar a la autenticidad y la conexión humana en la experiencia gastronómica. Por tanto, es imperativo abordar los desafíos que acom-
pañan a esta revolución culinaria para garantizar un equilibrio
adecuado entre la tecnología y la creatividad humana en la
mesa. La fusión de esta y las capacidades de la IA promete un
futuro emocionante y esperamos que rico y sabroso para la
gastronomía.[4]

En cualquier caso, la creatividad humana, en el sentido
más enfático —que tiene que ver con lo que hemos llamado
originalidad y ejemplaridad—, por ahora no está al alcance
de la IA, y los verdaderos cocineros y cocineras seguirán
siendo imprescindibles para seguir avanzando en el mundo
de las experiencias gastronómicas por las mismas razones que
ninguna IA substituirá enteramente a los verdaderos artistas
en cualquier campo de las artes, porque solo los humanos podemos producir dispositivos para la reflexión, dispositivos con
poder transformador, que sensibilicen ideas estéticas, que den
reglas al arte o como se quiera formular. Una IA puede escribir una novela romántica o crear una imagen nueva, ciertamente. Pero siempre serán recreaciones de narrativas o de
imágenes ya existentes sobre las que el algoritmo hace variaciones. Al menos por ahora.

4. De hecho, algunos de estos últimos párrafos han sido escritos por
ChatGPT 3.5.

5.3. Libertad

En definitiva, la creatividad en todos sus grados y variedades, aunque ha existido siempre en el mundo de la cocina, está ahora en su centro, al igual que ocurre en todos los aspectos de la vida contemporánea. Terminaremos con un retorno a nuestro punto de partida en el prefacio de este libro, es decir, a la ética y la política, que son lo que en última instancia da sentido a todo lo humano, también a la cocina. El mundo de la cocina, del comer y del cocinar ha pasado en buena parte del mundo, aunque ni mucho menos en todas partes, de ser un reino de la necesidad a ser un reino de la libertad. En este sentido, defendemos que la estética gustatoria incluye al tiempo una ética y una política de la emancipación, somos partisanos de una estética gustatoria emancipatoria. Esto puede parecer paradójico, pero las brutales desigualdades que existen en el mundo y la barbarie del hambre y la pobreza presentes en todas partes, incluidos los países más ricos, no deben hacernos despreciar este ámbito de libertad conquistado por la cultura. Lo que hay que hacer es trabajar para que todos los humanos puedan acceder a ella. Ahora bien, ¿significa esto que este reino de la libertad debe ser interpretado como un reino de la abundancia? ¿Se quiere decir que todo el mundo debería poder comer al menos de vez en cuando foie gras de patos maltratados, caviar beluga iraní, cerezas chilenas en invierno y ternera wagyu importada de Japón? Bueno, parece evidente que en las circunstancias actuales de crisis climática basta tener un poco de responsabilidad ética y política para ver que el imperativo de una acomodación de nuestras prácticas de consumo a la sostenibilidad es de carácter categórico, como la eliminación progresiva de los combustibles fósiles de nuestras vidas, la desindustrialización de la agricultura y la ganadería o la preservación de la biodiversidad. Para que esta acomodación preserve el mundo de libertad que es la cocina hoy, la conjunción

de creatividad e investigación es fundamental. Comensales y
cocineros estamos hoy ante el gran desafío de preservar nuestro hogar. La cuestión del malogrado Bruno Latour, ¿cómo
aterrizar?, creemos que es central para la cocina del presente y
del futuro, una cocina que está por inventar, aunque podamos
adaptar muchas cosas de lo que hemos aprendido hasta hoy. La
ciencia y la tecnología tienen un papel fundamental en estas
transformaciones que están viniendo. La ética y la política, por
supuesto, también. La COP28, conferencia de las Naciones
Unidas para el cambio climático celebrada en Dubai en otoño
de 2023, ha dedicado por primera vez un día entero a abordar
la alimentación y su impacto medioambiental. También ha
puesto a los asistentes a dieta con un menú compuesto en dos
terceras partes por alimentos veganos o vegetarianos. No es
una mala idea ética y política que todos convirtamos en unas
dos terceras partes nuestra dieta en vegetariana y rechacemos
los productos cuyo transporte ha generado toneladas de CO_2
y los sustituyamos por productos de proximidad. La razón
práctica normativa conecta aquí con la razón teórica de la
ciencia y la tecnología, que nos dice que, si queremos preservar la tierra, el único hogar que tenemos, debemos cambiar
nuestra forma de vida. Y aquí también juegan un papel la racionalidad estética de las artes y la que encontramos en la cocina, pues algo que muchas veces caracteriza al pensamiento
gustatorio hoy es su carácter reflexivo, algo que, por analogía
con las artes y la filosofía, lo convierte en una variedad del
pensamiento estético. El pensamiento estético, la estética en el
sentido que nos definía Alva Noë, es aquella clase de reflexión
que nos permite distanciarnos críticamente de nuestras prácticas cotidianas y posibilita una reorganización o modificación
de nuestras vidas. En este sentido, por un lado, la experiencia
gustatoria, como experiencia estética, es en realidad una experiencia fundamental necesaria para afrontar los retos del presente. Tenemos que ser parte de esa gastronómica legión que

invocábamos al comienzo de este texto para cambiarnos y preservar el mundo que hemos conocido hasta ahora. Se lo debemos a nuestros nietos y a las generaciones futuras. Por otro lado, la experiencia del cocinar también es una experiencia de libertad. La cocinera y politóloga María Nicolau lo ha dicho con pregnancia: «Cocinar no es seguir unas instrucciones, ni someternos a una lista de ingredientes, ni planificar minuciosamente la compra del supermercado. Al contrario, cocinar es todo aquello que pasa en los márgenes de una receta: es improvisar, arriesgar, decidir. Cocinar es ser libres. Contra la extinción de este atrevimiento, contra el síndrome del no-tengo-tiempo y la barbarie de una sociedad que come pero no cocina, este libro nos urge para recuperar el sentido del acto más primigenio de la vida: alimentarnos».[5]

La cocina es un mundo de libertad, como el mundo de las artes. Pero la libertad sin responsabilidad puede llevarnos al infierno. Reconectar la racionalidad teórica, la racionalidad práctica y la racionalidad estética con los cuerpos es un proyecto que se remonta al fracasado programa de la filosofía crítica de Kant. Seguramente es un proyecto filosófico imposible. La razón ya nunca más será una. Pero la conjugación en la práctica de las distintas formas de razón corporizada es un desafío real que debemos afrontar. No creemos que este sea simplemente un asunto de filósofos que nada tenga que ver con el mundo real. Los filósofos, las filósofas y les filósofes solo intentamos poner en conceptos lo que acontece en el mundo real. Como comensales y cocineros aficionados, solo intentamos traer a conceptos la experiencia del mundo de la cocina en forma de un discurso filosófico que hemos llamado *estética gustatoria*.

5. Nicolau (2022), sinopsis.

Sobremesa

Un acontecimiento gastronómico se antoja incompleto si no es convival. Ciertamente, la gastronomía requiere no solo una degustación dotada de una atenta perspicacia sensible, sino también una capacidad para compartirla y prospectarla en sociabilidad; algo así como si la digestión —que solo puede ser individual— exigiera convertirse en conversación y pasar, así, del yo al nosotros. Resulta fascinante que digestión y conversación compartan origen en la oralidad y que gracias a ello esta exigencia prometa cumplimiento. Como lo comporta que la filosofía del paladar sea una filosofía para la construcción de esfera pública, del mismo modo que, a nuestro entender, lo son la estética y el arte en todas sus acepciones.

Esta es la razón por la que este libro concluye con una *sobremesa*, que acontece en dos conversaciones que generan un continuo entre el momento fundacional de la filosofía del paladar, con Jean-Anthelme Brillat-Savarin, y el momento en que elBulliLab se prospectaba hacia elBulli1846, en un giro filosófico más allá del restaurante. Tras la pandemia del covid-19, este giro postinstitucional se ha precipitado vertiginosamente en las redes sociales; nada mejor para darles un tiempo de discernimiento que las conversaciones sin reloj en torno a una mesa en la cual acabamos de comer con afán convival.

La primera conversación, con Brillat-Savarin, es un artículo de Jèssica Jaques que apareció por primera vez en lengua inglesa en los *Proceedings of the European Society of Aesthetics*, 8 (2016): 288-304. Inicialmente fue presentada y debatida en el congreso anual de la European Society of Aesthetics celebrado en Barcelona en 2016.

La segunda conversación fue un encargo de Carolyn Korsmeyer a Jèssica Jaques para la veterana revista británica de filosofía *The Monist* (Oxford), en un monográfico sobre estética gustatoria en el número 101 (2018): 237-246 (DOI: 10.1093/monist/ony002).

Primera conversación.
Una lectura filosófica de *La fisiología del gusto* de Brillat-Savarin

1. La fisiología del gusto de Brillat-Savarin, el origen de la estética gustatoria

En la última década, la estética gustatoria se ha convertido en un territorio filosófico y una disciplina académica en rápida expansión. La bibliografía dedicada al tema comprende decenas de títulos que van dando sustancia a este territorio híbrido en la intersección de filosofía, gastronomía, estética y enfoques políticos y prácticos. Estos textos, que han proliferado notablemente desde 2005, toman el libro de Carolyn Korsmeyer de 1999, *Making Sense of Taste*, como punto de referencia originario. La tesis principal del libro de Korsmeyer es que el gusto es una forma de hacer el mundo y sirve a una poderosa función simbólica. En términos de las discusiones actuales, cabe señalar el papel que desempeña el texto de Nicola Perullo *Il gusto come esperienza. Saggio di filosofia e estetica del cibo* (*El gusto como experiencia. Filosofía y estética de los alimentos*) (2016) como obra de referencia primaria. El texto de Perullo dialoga con toda la tradición filosófica, desde una versión ampliada de los argumentos de Korsmeyer hasta la estética gustatoria contemporánea. Como se explica en la contraportada de su último libro, Perullo pone el placer de la comida en el centro de la experiencia humana. Muestra cómo el sentido del gusto informa nuestras preferencias y nuestra relación con la naturaleza, nos empuja hacia prácticas éticas de consumo y nos inculca la necesidad de lo estético. Nicola Perullo ve la comida como la única porción del mundo que tomamos a diario, por lo que constituye nuestro primer y más significa-

tivo encuentro con la tierra. Para el autor, el gusto es valor y
sabiduría; no puede reducirse a meros factores químicos o
culturales, sino que encarna la calidad y la cantidad de nuestra
experiencia terrenal.

Pero Perullo no explica suficientemente que el verdadero
origen filosófico y estético de todas estas cuestiones se encuentra en *La fisiología del gusto* de Jean-Anthelme Brillat-Savarin
(*Physiologie du goût, ou Méditations de gastronomie transcendante;
ouvrage théorique, historique et à l'ordre du jour, dédié aux gastrono-
mes parisiens, par un professeur, membre de plusieurs sociétés littérai-
res et savants*, 1825); a mi entender, este es el texto originario
de la estética gustatoria contemporánea.

De la misma manera que, aun reconociéndolo, no juzga-
mos la estética de Hegel por su eurocentrismo o su germa-
nofilia, necesitamos liberar a Brillat-Savarin del peso de su
época y restablecer el lugar de sus aportaciones en la historia
de la estética. Así, al afirmar que *La fisiología del gusto* es el texto originario de la estética gustatoria, estoy usando el término
«origen» no solo en el sentido arqueológico, sino también
para designar el aparato conceptual fundacional del discurso
estético gustatorio. En este sentido, propondré una reivindicación filosófica del texto de Brillat-Savarin en la forma en
que Michel Onfray (en *La raison gourmande* de 1995), Carolyn
Korsmeyer (en su ya mencionado *Making Sense of Taste*) y especialmente Roland Barthes (en la también citada «Introducción») ya lo han hecho. A las aportaciones que estos autores
reconocen en la obra de Brillat-Savarin, añadiré diez cuestiones que, a mi entender, subyacen no solo a la estética gustatoria, sino también a la estética en el sentido más amplio del
término e incluso a la filosofía en general.

2. El uso de subgéneros en la escritura filosófica

Si consideramos la escritura filosófica como un género, podemos decir que Brillat-Savarin utiliza subgéneros propios de la
tradición filosófica: aforismos, diálogos y meditaciones.

Ciertamente, *La fisiología del gusto* comienza con una lista
de treinta aforismos (Brillat-Savarin, 2009 [1825], p. 15-16),
escritos a la manera de la tradición filosófica de los presocrá-
ticos y Voltaire (a quien Brillat-Savarin admiraba mucho) y
anticipando lo que haría Nietzsche poco tiempo después. Algunos de estos aforismos han gozado de especial fama, como,
por ejemplo:

- El universo no es nada sin la vida, y todo lo que vive
  come. (*L'Univers n'est rien que par la vie, et tout ce qui vit
  se nourrit.*)
- Los animales se nutren; los seres humanos comen;
  únicamente las personas con *esprit*[1] conocen el arte de
  comer. (*Les animaux se repaissent; l'homme mange;
  l'homme d'esprit seul sait manger.*)
- Dime qué comes y te diré quién eres. (*Dis-moi ce que
  tu manges, je te dirai qui tu es.*)
- El buen comer es un acto de nuestro juicio mediante
  el cual elegimos las cosas que tienen un sabor agradable en lugar de aquellas que no lo tienen. (*La gourmandise est un acte de notre jugement, par lequel nous accordons
  la préférence aux choses qui sont agréables au goût sur celles
  qui n'ont pas cette qualité.*)

1. Dejamos el termino original, dado que cualquier traducción obvia
matices fundamentales, puesto que el termino *esprit* connota: ingenio, de-
licadez en el gusto, perspicacia sensible, emocional y estética, atención al
detalle.

A estos aforismos les sigue un breve diálogo entre Brillat-Savarin y un amigo; conversan sobre la necesidad de desa-
rrollar un relato sobre la gastronomía y las posibles objeciones
que tal proyecto podría suscitar. Después, el texto se construye
en torno a una treintena de meditaciones que ordeno en cuatro grupos, entendiendo que existen intersecciones entre ellas:

1. Meditaciones sobre la estética del uso no metafórico del gusto, entre las que destacan la Meditación I:
   «Sobre los sentidos» (*«Des sens»*) y la Meditación II: «Sobre el gusto» (*«Du goût»*).
2. Meditaciones sobre la estética de la gastronomía. Destacan especialmente la Meditación III: «Sobre la gastronomía» (*«De la gastronomie»*), la Meditación XII:
   «Sobre los que tienen perspicacia del gusto gastronómico» (*«Des gourmands»*) y la Meditación XI: «Sobre la
   perspicacia del gusto gastronómico» (*«De la gourmandise»*).[2]
3. Meditaciones sobre la fisiología del gusto. Son parti-
   cularmente notables la Meditación XX: «Sobre la influencia de la dieta en el reposo, el bien dormir y los
   sueños» (*«De l'influence de la diète sur le repos, le sommeil
   et les songes»*) y la Meditación XXVI: «Sobre la muerte» (*«De la mort»*).
4. Meditaciones dedicadas a la cocina, entre las que des-
   taca la Meditación XXVII: «Historia filosófica de la
   cocina» (*«Histoire philosophique de la cuisine»*).

A continuación, proporciono una lista que muestra la distribución de las meditaciones en los cuatro grupos y que puede servir como guía de lectura.

---

2. Traducimos *gourmandise* por «perspicacia del gusto gastronómico».

1. Una estética sobre el uso no metafórico del gusto
– Meditación I «Sobre los sentidos» («*Des sens*»), p. 31-43.
– Meditación II «Sobre el gusto» («*Du goût*»), p. 44-58.
– Meditación X «El fin del mundo» («*Sur la fin du mon-de*»), p. 152-154.

2. Una estética de la gastronomía
– Meditación III «Sobre la gastronomía» («*De la gastrono-mie*»), p. 59-65.
– Meditación IV «Sobre el apetito» («*De l'appétit*»), p. 67-73.
– Meditación V (Sección I) «Sobre la alimentación en ge-neral» («*Des alimentsen general*»), p. 74-83
– Meditación XI «Sobre la perspicacia del gusto gastronó-mico» («*De la gourmandise*»), p. 155-164.
– Meditación XII «Sobre los gourmets» («*Des gourmands*»), p. 167-178.
– Meditación XIII «Tubos de ensayo gastronómicos» («*Éprouvettes gastronomiques*»), p. 182-186.
– Meditación XIV «Sobre los placeres de la mesa» («*Du plaisir à table*»), p. 188-193.
– Meditación XV «Sobre la caza» («*Des haltes duchase*»), p. 203-207.
– Meditación XXIX «La perspicacia clásica del gusto gas-tronómico en acción» («*La gourmandise classique mise en action*»), p. 223-234.
– Meditación XXX «Bouquet» («*Bouquet*»), p. 337-343.

3. Estética sobre la fisiología del gusto
– Meditación VIII «Sobre la sed» («*De la soif*»), p. 142-147.
– Meditación XVI «Sobre la digestión» («*De la digestion*»), p. 208-215.
– Meditación XVII «En reposo» («*Du repos*»), p. 283-306.

- Meditación XVIII «Sobre el sueño» («*Du sommeil*»), p. 220-222.
- Meditación XIX «Sobre el soñar» («*Des rêves*»), p. 223-232.
- Meditación XX «Sobre la influencia de la dieta en el descanso» («*De la influence de la diète sur le repos, le sommeil et les songes*»), p. 235-239.
- Meditación XXI «Sobre la obesidad» («*De l'obésité*»), p. 241-250.
- Meditación XXII «Sobre el tratamiento de la obesidad» («*Traitement préservatif ou curatif de l'obésité*»), p. 252-261.
- Meditación XXIII «Sobre la delgadez» («*De la maigreur*»), p. 264-268.
- Meditación XXIV «Sobre el ayuno» («*Du jeûne*»), p. 269-274.
- Meditación XXV «Sobre el agotamiento» («*De l'épuisement*»), p. 275-277.
- Meditación XXVI «Sobre la muerte» («*De la mort*»), p. 279-282.

4. Cocinar
- Meditación VI «Sobre la alimentación en general: alimentos especiales» («*Spécialités*»), p. 84.
- Meditación VII «Teoría de la fritura» («*Théorie de la friture*»), p. 136-140.
- Meditación IX «Sobre las bebidas» («*Des boissons*»), p. 148-151.
- Meditación XXVII «Historia filosófica de la cocina» («*Sur l'histoire philosophique de la cuisine*»), p. 283-306.
- Meditación XXVIII «Sobre los restauradores» («*Des restaurateurs*»), p. 313-321.
- Meditación XXIX «La perspicacia sensible clásica en acción» («*La gourmandise clásique mise en action*»), p. 296-308.
- Meditación XXX «Bouquet. Mitología gastronómica» («*Bouquet. Mythologie gastronomique*»), p. 309-315.

El libro finaliza con treinta textos breves denominados variedades (*variétés*, Brillat-Savarin 2009 [1825], p. 350-420) sobre temas muy diversos relacionados con recetas o reflexiones
gastronómicas. A mi entender, es probable que el uso que
hace Brillat-Savarin de esta designación sea una alusión al
Thêatre des Variétés de París, fundado por Marguerite Brunet,
conocida como *Mademoiselle* Montansier, y que estaba muy de
moda en la época en que *La fisiología del gusto* se estaba escri-
biendo.

3. *Referencias a conceptos filosóficos clave*

Brillat-Savarin trabaja con conceptos filosóficos tradicionales.
A veces lo hace con ironía; en otras ocasiones, juega con ellos
de manera apropiativa o anticipatoria.

3.1. Referencias irónicas

Podrían sintetizarse en tres:

1. Como hemos visto, Brillat–Savarin sitúa la parte central de su texto bajo el título «Meditaciones» (*Méditations*), en referencia irónica, a mi entender, a Descartes. La pregunta que subyace a ello —a la manera de
   un giro copernicano— es la siguiente: si Descartes inició la reflexión sobre el sujeto moderno atendiendo
   también a lo divino, ¿por qué no meditar ahora sobre
   algo estrictamente humano, esto es, el gusto de la lengua y el paladar?
2. Brillat–Savarin utilizó el término kantiano *trascendente*
   en el subtítulo de la obra, que es, como se recordará,

ou méditations de gastronomie trascendante. La primera edición inglesa (1859), traducida por Fayette Robinson, ya cambió *trascendente* por *trascendental,* con lo que se eliminaba parte de la ironía que —a mi modo de ver— señalaba que el discurso de la gastronomía trascendería los avatares de la época; a cambio, presentaba la obra de Brillat-Savarin como el conjunto de las condiciones de posibilidad de este nuevo ámbito del saber.

3. Brillat-Savarin también utilizó el término kantiano *prolegómenos* con cierto sarcasmo: concretamente, en el subtítulo de los aforismos, que reza: «Para servir de prolegómenos a su obra y de base eterna a la ciencia» (*«Pour server de prolegomènes à son ouvrage et de base éternelle à la science»*). Cabe recordar que el título de la obra de Kant es *Prolegómenos a cualquier metafísica futura que pueda presentarse como ciencia.*

3.2. Referencias apropiadas o anticipatorias

Estas ocurren de las siguientes ocho maneras:

1. Atención filosófica al gusto en su uso no metafórico, siguiendo a Voltaire en la sección escrita por él de la entrada «goût» en la *Encyclopédie* de Diderot y D'Alembert. Cabe señalar que la parte escrita por Voltaire data de 1757 y que dos partes del artículo fueron escritas anteriormente por Louis de Jancourt —quien dotó al texto de una perspectiva fisiológica— y Montesquieu, quien falleció antes de terminar su parte. Conviene recordar, una vez más, que Brillat-Savarin era un ferviente admirador de Voltaire y que los cuatro autores intentaron rescatar el gusto de la lengua, el paladar y

los demás sentidos considerados por la tradición filosófica como «inferiores», incluyendo también el olfato y
el tacto.

2. Dimensión positivista de la fisiología del gusto siguiendo a Jaucour y anticipando la explicación científica de ciertos fenómenos estéticos. Conviene señalar
que, como parte de la reacción contra el Romanticismo, la fisiología estuvo muy de moda en la cultura de
la época. Así pues, no es casual que Balzac, gran admirador de Brillat-Savarin, escribiera su *Fisiología del ma-
trimonio* en 1829 y la incluyera como apéndice en la
tercera edición de *La fisiología del gusto*, tal como lo
había hecho ya el año anterior con respecto a su *Tratado de los excitantes modernos* (*Traité des excitants modernes*) y la segunda edición (1839) de la obra de Brillat-Savarin.

3. Tratamiento del gusto como facultad de discernimiento y reflexión. En su uso no metafórico, siguiendo a
Voltaire; en su uso metafórico, siguiendo a Hume y
Kant. Cabe decir que Brillat-Savarin leía inglés y alemán (además de italiano y español) con soltura, y que,
como se puede ver en el texto, conocía bien y apre-
ciaba tanto *On the Standart of Taste* como *Kritik der
Urteilskraft*, de cuyas tesis se apropió en la medida de lo
posible y las aplicó al uso no metafórico del gusto.

4. Defensa de la perspicacia sensible (*sentient delicacy*)
como virtud social y filosófica, siguiendo a Hume.

5. Identificación del desinterés como categoría estética
fundamental, siguiendo a Kant. Este es el sentido
profundo que Brillat-Savarin le da al término *esprit* en
el citado Aforismo II: «Los animales se alimentan; los
seres humanos comen; pero solo los seres humanos do-
tados de *esprit* saben comer» (*«Les animaux se repaissent;
l'homme mange; l'homme d'esprit seul sait manger»*). Así,

«saber comer» —que es la facultad a la que apunta el innovador término *gourmandise*— «es un acto de nuestro juicio mediante el cual preferimos las cosas que tienen un sabor agradable en lugar de las que no tienen esta cualidad» («*Est un acte de notre jugement, par lequel nous accordons la préférence aux choses qui sont agréables au goût sur celles qui n'ont pas cette qualité*») y va más allá de la mera necesidad de la nutrición. Como actitud del *esprit* comprensible desde el punto de vista del desinterés, la perspicacia sensible en el gusto gastronómico se distingue de la voracidad y la glotonería y se convierte en una cualidad social (ver la Meditación III).

Por supuesto, es mucho más complicado establecer el desinterés estético respecto de un objeto gastronómico que respecto de los referentes estéticos de las reflexiones de Kant, pero Brillat-Savarin no rehuyó el desafío y lo afrontó en un intento de mantener un equilibrio entre un funcionalismo aristotélico de corte predarwiniano y una autonomía de corte kantiano. Así, argumentó que las dos funciones necesarias para la continuidad del individuo y de la especie —a saber, la alimentación y la reproducción sexual— pueden ser superadas desde el punto de vista del *esprit* y abrir un dominio de libertad yendo de lo real a lo posible. Así, la cópula reproductiva no es lo mismo que las prácticas sexuales placenteras entre dos personas libres e iguales; del mismo modo, no es lo mismo comer para sobrevivir que comer para realizar un ejercicio de juicio, de placer del *esprit* y de convivencia, aunque sea inevitable, al menos en el segundo caso, reconocer un *continuum* entre la función biológica y el desinterés estético: un *continuum* que Brillat-Savarin convierte en una tensión de máximo interés filosófico. El placer ocupa un lugar privilegiado en esta tensión en el Afo-

rismo V: «El Creador, mientras obliga al ser humano a
comer para vivir, lo invita a hacerlo a través del apetito y lo recompensa con placer (*Le créateur, en obligeant
l'homme à manger pour vivre, l'y invite par l'appétit, et l'en
récompense par le plaisir*)».

Conviene remarcar que el autor es mucho más ex-
plícito en el desinterés referido al sentido del gusto que
en lo que se refiere al sentido genético o al sexto sentido,
términos que utiliza para designar el sentido erótico, por
más que mencionarlos resulte sorprendente en el contexto de su época y quizás represente una de las razones
por las que el texto fue publicado de forma anónima.

6. Anticipación de la comprensión hegeliana de la estéti-
    ca como filosofía del arte, dado que Brillat-Savarin
    entiende la estética como filosofía de la gastronomía.
    Del mismo modo, anticipa la comprensión hegeliana
    de la filosofía del arte como ciencia.

7. Apropiación de la convivencia como elemento consti-
    tuyente de la esfera política y pública, siguiendo al so-
    cialista utópico François Marie Charles Fourier (que
    era cuñado de Brillat-Savarin). Para Brillat-Savarin, la
    mesa era un lugar ideal para la convivencia entendida
    como el placer de comer bien juntos y practicar el
    ejercicio comunitario de la conversación (Barthes,
    1975, p. 30). De hecho, para Brillat-Savarin, la convi-
    vencia que se produce en la mesa es un síntoma del
    paso del *Ancien Régime* al *Nouveau Régime*: «La perspi-
    cacia sensible en el gusto gastronómico es uno de los
    principales vínculos de la sociedad. Gracias a ella se
    prolonga poco a poco ese espíritu de convivencia que
    cada día une diferentes situaciones sociales, las funde
    en algo común, anima la conversación y disminuye los
    ángulos de la desigualdad convencional.» (*La gourman-
    dise est un des principaux liens de la société; c'est elle qui*

étend graduellement cet esprit de convivialité qui réunit cha-que jour les divers états, les fonds en un seul tout, anime la conversation, et adoucit les angles de la inégalité convention-nelle) (Meditación XI, p. 160)

8. Para concluir con las referencias no irónicas, se podría decir que la pretensión de convivencia constituye una variación de la *fraternité* y del *sensus communis* kantiano; el desinterés, una variación de la *liberté*; y la dimensión etológica de la nutrición, una variación de la *égalité*. Brillat-Savarin fue siempre leal a los ideales de la Revolución Francesa, aunque tuviera que huir de ella por declararse abolicionista respecto a la pena de muerte.

4. La creación de un campo filosófico

La Meditación III se titula «Sobre la gastronomía» («*De la gastronomie*») y debe considerarse el texto fundamental de *La fisiología del gusto*, dado que es el lugar donde Brillat-Savarin establece las condiciones de posibilidad de la disciplina. Por más que lo hace utilizando el procedimiento de recuperar la nomenclatura antigua, lo hace de una manera completamente innovadora e incluso indisciplinada según los estándares de los protocolos tradicionales de los protocolos disciplinarios, por decirlo en términos de Rancière.

Se ha resucitado el uso de la palabra griega *gastronomía*: suena suavemente en nuestros oídos franceses y, aunque apenas se entiende, es suficiente pronunciarla para provocar una sonrisa de hilaridad en todas las fisonomías, por diferentes que sean. (*On a ressucité du grec le mot de gastronomie; il a paru doux aux oreilles françaises. Et, quoiqu'à peine compris, il a suffit de le prononcer pour porter sur toutes les physinomies le sourire de l'hilarité.*) (Meditación XXVII, p. 305).

Para Brillat-Savarin, la gastronomía es un campo «indisciplinado», propio de la filosofía y especialmente de la estética. Así, como señala Roland Barthes, Brillat-Savarin crea el campo de la gastronomía con un espíritu híbrido y enciclopédico que combina ciencia, filosofía y estética. De manera más contundente, Brillat-Savarin genera un vocabulario y un argumentario fructíferos para el futuro del gusto, no solo (o incluso fundamentalmente) en su sentido metafórico, sino también en este sentido. Las reflexiones de Barthes son muy pertinentes y dan un significado renovado a la definición de gastronomía que propone Brillat-Savarin:

BS entendía perfectamente que, como tema de discurso, la comida era una especie de grilla (o tópico, en palabras de la retórica clásica), a través de la cual se podían atravesar con éxito todas las ciencias que hoy llamamos sociales y humanas. Su libro tiende a lo enciclopédico, aunque solo lo esboce vagamente. En otras palabras, el discurso está facultado para atacar la comida desde varios ángulos: es, en resumen, un hecho social total en torno al cual se pueden reunir una variedad de metalenguajes: fisiología, química, geografía, historia, economía, sociología y política (hoy podríamos añadir lo simbólico). Para BS, es este enciclopedismo —este «humanismo»— el que envuelve el término gastronomía: «La gastronomía es el conocimiento de todo lo relacionado con el ser humano en la medida en que este se alimenta». Esta apertura científica corresponde claramente a lo que el propio BS fue en su propia vida: un sujeto esencialmente polimorfo: jurista, diplomático, músico, hombre de mundo, habiendo conocido lo extranjero y las provincias. La comida no era para él una manía, sino más bien una especie de operador universal del discurso. (Barthes, 1975, p. 32).

Siguiendo con Barthes, podríamos decir que Brillat-Savarin analiza la comida, un «operador universal del discurso»,
«como lo haría quien cuida la fonética con la vocalidad», es
decir, «actúa como un lingüista» y lo hace con un «discurso
neologista» (Barthes, 1975, p. 18), generando un nuevo vocabulario y argumentario. De hecho, Brillat-Savarin «desea las
palabras, en su propia materialidad» y su lengua francesa —o
lengua física— «está escrita con escritura perspicaz en el gusto
gastronómico:[3] golosa de las palabras que maneja y de los alimentos a los que se refiere». (Barthes, 1975, p. 18).

5. La reivindicación de un vínculo entre deseo, ausencia y escritura

Roland Barthes comienza su texto diciendo que «el gusto implica una filosofía de la nada» (Barthes, 1975, p. 7); más adelante dirá que esto tiene que ver, concretamente, con el deseo:

> Siempre que hablo de comida emito signos (lingüísticos) que se
> refieren a un alimento determinado o a una cualidad alimentaria.
> Esta situación banal tiene implicaciones poco conocidas si el ob-
> jeto de mi enunciación es un objeto deseable. Este es claramente
> el caso de la Fisiología del Gusto. BS habla y va y me pongo a
> desear aquello de lo que él habla (especialmente si tengo apeti-
> to). Como el deseo que suscita es aparentemente simple, el enun-
> ciado sobre gastronomía presenta el poder del lenguaje en toda
> su ambigüedad: el signo evoca los deleites de su referente en el
> mismo momento en que traza su ausencia […]. El lenguaje sus-
> cita y excluye. De ahí que el estilo gastronómico nos plantee
> toda una serie de preguntas: ¿Qué significa representar? ¿Figu-
> rar? ¿Proyectar? ¿Decir algo? ¿Qué significa desear? ¿Qué signi-
> fica desear y hablar al mismo tiempo? (Barthes, 1975, p. 24-25).

3. *Gourmande* en el original.

Cualquiera que sea la respuesta a estas preguntas, y hablando siempre con Barthes,

El libro de BS es, de principio a fin, un libro sobre lo «propiamente humano», porque es el deseo (en lo que se habla) lo que distingue al ser humano. (Barthes 1975, p. 9).

El discurso gastronómico y, con él, la crítica gastronómica nacen como una escritura que connota deseo y ausencia y, por tanto, remite a lo estrictamente humano. Hubo que esperar a los textos sobre fotografía del propio Barthes para que el discurso sobre las artes visuales hiciera lo mismo.

6. *La reivindicación de la proximidad filosófica entre la lengua física, el paladar y el lenguaje*

En francés, *palais* significa tanto paladar como palacio, lo que crea así una sugerente continuidad entre lo privado y lo público, entre lo recóndito y lo suntuoso. Pero esto es solo un juego de palabras, ya que las etimologías de los dos significados son diferentes: *palatum* en el primer caso, *palatium* en el segundo. Desde el punto de vista filosófico, resulta extremadamente comprometedor —y esto es lo que Barthes encontró tan seductor en su lectura de Brillat-Savarin— prestar atención al hecho de que la palabra *lengua* (*langue*) es al mismo tiempo un sistema de comunicación y uno de los órganos del sentido del gusto. Junto a Barthes, considero indispensable la reivindicación que hace Brillat-Savarin de la fisicidad, la oralidad y los sentidos denostados por la tradición filosófica, así como de la sinestesia estética que puede producirse desde el paladar.

7. La reivindicación de la centralidad del cuerpo en las explicaciones
filosóficas

Al reclamar para la gastronomía, la lengua y el paladar el esta-
tus de un nuevo centro de interés filosófico, Brillat-Savarin
dio voz al cuerpo en esta escena. Este último había quedado
mudo desde el primer surgimiento de la filosofía neoplatónica
y permaneció quedo en la filosofía cristiana y en los derivados
cartesianos de ambas. En el siglo xx, Foucault tuvo que realizar tremendos esfuerzos para reivindicar el cuerpo como el
«otro» en la filosofía, habiendo sido precedido —casi un siglo
y medio antes— por Brillat-Savarin y por —dos décadas antes— Maurice Merleau-Ponty, quien abrió la caja de Pandora
que ha llevado a la centralidad del cuerpo en la filosofía contemporánea. A pesar de la interesantísima propuesta de Brillat-Savarin sobre el vínculo entre el sentido del gusto y el
sentido genético-sexual, del que ya hemos hablado en la sección 2.2, Foucault no lo menciona en sus genealogías. Fue
Barthes quien entendió que este lugar donde convergen el
gusto de la lengua y el paladar y el sexo placentero no solo es
un sentido interno, sino también un lugar privilegiado para la
generación de la sinestesia, aspecto que ha sido ampliamente
tratado por la filosofía y las psicologías contemporáneas basadas
en la centralidad del cuerpo (recientemente señalada como *em-*
bodiment), especialmente por aquellos de tendencia enactivista
(Noë y Hurley, 2003, y Noë, 2016).

8. La recuperación del vínculo platónico entre el deseo, el banquete
filosófico, el eros y el placer

Como ya se indicó, *La fisiología del gusto* supuso una decidida
recuperación del hedonismo, que había estado ausente en la
filosofía neoplatónica, cristiana y cartesiana —y en sus deriva-

dos—, y que fue rescatado por primera vez por el empirismo de la estética británica.

Brillat-Savarin retomó este trabajo de recuperación centrándolo en la gastronomía y eligiendo como momento culminante *le plaisir à table*, que aparece en la Meditación XIV y que aduce un correlato muy sofisticado del placer: el aburrimiento. Así, según el Aforismo VIII: «La mesa es el único lugar donde no nos aburrimos durante toda la primera hora» (*La table est le seul endroit où l'on ne s'ennuie jamais la première heure*), ya que esto tiene que ver con la sorpresa que produce tanto la comida como la novedad de la conversación, que es lo opuesto al aburrimiento. Como en el *Simposio* de Platón, el banquete es el lugar donde cualquier cosa puede acontecer de repente; es el lugar de la apreciación de lo imprevisto, del gusto, una facultad que es, según Barthes, «oral como lenguaje, libidinal como Eros» (Barthes, 1975, p. 19).

9. Anonimato

Brillat-Savarin no firmó su texto. Como se indicó anteriormente, esto podría deberse a que —en un movimiento extraordinario para su época— colocó el sentido genético en primer plano de lo humano y lo conectó con el placer y la emancipación de lo reproductivo, como lo gastronómico se emancipaba del alimento. Pero, en mi opinión, hay también una segunda razón que es igualmente innovadora. Este anonimato podría indicar una irónica toma de distancia respecto a las ideas de genio y de autoría tan hegemónicas en el romanticismo tardío que rodeó al autor y que combatió con el enfoque científico, materialista y hedonista de la estética de la gastronomía.

*10. La identificación del papel del comensal como elemento
constitutivo de la creatividad gastronómica*

La fisiología del gusto avanza en gran medida una filosofía de la
creatividad que no se desarrollará hasta las últimas décadas del
siglo XX; es decir, aquella que atribuye a los públicos un papel
de agentes creativos y les da tanto énfasis como el papel creativo del productor. Es cierto que para Brillat-Savarin la práctica
gastronómica comienza obviamente en la cocina, pero solo se
realiza plenamente en la degustación y en la conversación. El
autor democratiza así la noción de creatividad de origen ro-
mántico que estaba vigente en su momento y mucho después,
ya que, en virtud de este papel atribuido al comensal, cualquier persona puede ser creativa. Desde esta perspectiva, el
autor anticipó la estética de la recepción y las prácticas artísticas relacionales y también, por primera vez, las prácticas performativas, efímeras y de cuerpos situados implicadas.

*11. La primera historia del restaurante como institución gastronómica:
un lugar para la democratización de una práctica estética*

A partir de la contribución de Brillat–Savarin, el restautrante
será la institución (a la que dedicó toda la Meditación XXVIII:
Des restaurateurs) propia de la gastronomía; tendrá vocabulario
y argumentario, tendrá discurso; Brillat-Savarin avanza así la
reflexión sociológica y política sobre las instituciones estéticas
y sobre aquello que, desde entonces, ha dado lugar a la crítica
institucional.

En el París revolucionario, los cocineros abandonaron el
palacio y se instalaron en la ciudad, donde la burguesía —desde
la más ostentosa hasta la más discreta— podía comer como
hasta entonces solo habían podido hacerlo los miembros de la
realeza. El restaurante nació al tiempo que el museo y el zoo-

lógico, y las tres instituciones respondieron a un espíritu de democratización: un espíritu científico y —especialmente en los dos últimos casos— enciclopédico, que —visto desde hoy— no estaba exento de apabullantes síntomas de eurocentrismo, colonialismo y nuevas hegemonías propias de la época. Así, Brillat-Savarin comenta:

> La consolidación de los restauradores, que se ha extendido desde Francia hacia toda Europa, es sumamente ventajosa para todos los ciudadanos, y de gran importancia para la ciencia. (*L'adoption des restaurateurs, qui de France a fait le tour de l'Europe, est d'un avantage extrême pour tous les citoyens, et d'une grande importance pour la science*). (Meditación XXVIII, p. 154).

12. Conclusión

Brillat-Savarin fue contemporáneo de Hegel y de Goethe. Su libro *La fisiología del gusto* comparte ciertos temas, inquietudes y sensibilidades con ambos y, como se muestra en los once puntos anteriores, el gastrónomo francés aduce una explicación filosófica del gusto, que exige consideración urgente junto a estos dos autores, para pergeñar una historia de la estética con suficiente lucidez. Podría iniciarse su escritura a pie de calle, en la *Rue Brillat-Savarin: professeur, magistrat et gastronome*, en el distrito XIII de París, donde nació la escritura de esta primera conversación.

Segunda conversación.
Filosofía en los fogones. Entrevista a Ferran Adrià, por Jèssica Jaques

Jèssica Jaques (J. J.) El restaurante elBulli cerró a finales de julio del 2011. Lo que lo caracterizó fue —además de ser declarado en cinco ocasiones consecutivas el mejor restaurante del mundo— una peculiar audacia filosófica de la que el equipo fue consciente especialmente en los últimos tiempos y que está dando lugar a los nuevos proyectos de elBulliLab.[4]

Ferran Adrià (F. A.) Cierto. En la historia de *elBulli* la autoconciencia de hacer algo así como 'filosofía en los fogones' llegó casi al final del proyecto. En los inicios del restaurante el equipo tenía una pasión creativa descontrolada y muy tozuda. Esa tozudez fue la que nos llevó, por suerte, a archivar y registrar todo lo que hacíamos; teníamos el *mal d'archive* sin saberlo. Ello facilitó posteriormente unas preguntas más metódicas y unas respuestas más certeras y, sobre todo, una ubicación mental en el *sapere aude*, que es lo que ha dado lugar a los proyectos de elBulliLab.[5] Estos tuvieron como antecedente principal el libro *Food for thought*,[6] aparecido dos años antes de que elBulli

4. elBulliLab es un medialab dedicado a la creatividad gastronómica y a la de otros procesos creativos. Situado en Barcelona, continúa e intensifica el legado de *elBulli* en lo que se refiere a generación y transferencia de conocimiento e innovación.

5. Para conocer el detalle de los proyectos de elBulliLab y su dimensión filosófica, ver Adrià, Ferran; Jaques, Jèssica, 2015, «For an applied philosophy to gastronomy», *CoSMo* 6: 163-172. http://www.ojs.unito.it/index.php/COSMO.

6. Hamilton, Richard; Todolí, Vicente (eds). *Food for Thought, Thought for Food*. Barcelona y Nueva York: Actar, 2009.

finalizara su etapa como restaurante. Comprendimos en ese momento la densidad semántica de la coincidencia etimológica entre *sapere* y *sapor -oris* y la dosis de audacia y riesgo —y de sentido del humor— que comportaba.

J. J. elBulli fue una suerte de medialab gastronómico-filosófico. Se crearon 1.846 platos y hay que tener en cuenta que cada uno de ellos comportaba un proceso creativo donde las preguntas, la clasificación, la reflexión, el método y un vocabulario nuevo jugaban un rol fundamental, con un nivel de exigencia sin concesiones a modas ni mercados. Esto es lo que ha alimentado precisamente la filosofía de la creatividad que se cuece en elBulliLab. Se me antoja elBulliLab como un posmedialab dedicado a la filosofía de la creatividad.

F. A. elBulliLab supone un nuevo y expansivo círculo de la espiral creativa generada en elBulli, que solo pudo desarrollarse con un espíritu de medialab, en cuanto que allá la tríada creatividad-investigación-innovación tenía un proceder altamente indisciplinado: resquebrajaba los límites de las disciplinas tradicionalmente vinculadas a la gastronomía para explorar el potencial creativo de la ciencia, la tecnología, el diseño, la moda, el circo, el arte, la música y, sobre todo, la performance. elBulli acabó siendo, así, un medialab de gastronomía expandida, con viajes apasionantes de ida y vuelta a cada uno de estos territorios. Comenzó entonces a asumir riesgos de cariz filosófico —que actualmente resumimos en el lema «comer conocimiento para aumentar la creatividad»—, que nos han llevado a un trabajo posgastronómico que inquiere tanto histórica como filosóficamente a los procesos creativos más diversos con el fin de ayudar a los creadores contemporáneos de los más variados ámbitos. Ello nos obliga a preguntarnos por las condiciones de posibilidad, los primeros principios y las dinámicas del acontecer histórico de cada uno de estos

ámbitos, así como de sus intersecciones. No pretendemos encontrar la «piedra filosofal» de la creatividad, sino rastrear
aquello que pueda ser formulado en cada proceso creativo ya
acontecido; en términos de elBulliLab: elaborar la descodifi-
cación de los procesos creativos una vez acontecidos hasta allá
donde sea posible y reconociendo lo imposible. elBulliLab es
en realidad un posmedialab dedicado a la filosofía de la gastronomía y a la filosofía de la creatividad, es decir, un posmedialab de filosofía aplicada, algo así como una cocina de ideas.

J. J. elBulli democratizó el conocimiento de la praxis gastronómica en congresos, libros y, muy especialmente, en su catálogo razonado.[7] Parece que elBulliLab continúa esta tarea de
democratización en referencia a la creatividad gastronómica y
a la creatividad en general en una versión 2.0.

F. A. El talante del equipo de elBulli, como ahora el de elBulliLab, fue profundamente democrático. A manera de Joseph
Beuys, entendimos y entendemos que cualquiera puede ser
creativo y que cualquiera tiene algún talento, tal vez todavía
por descubrir. Nuestra misión es transferir instrumentos para
colaborar en la medida de lo posible a subrayar e incrementar
el potencial creativo de personas y proyectos. La exposición
«Auditando el proceso creativo»,[8] que tuvo lugar justo al inicio del funcionamiento de elBulliLab, supuso así la ofrenda
definitiva del aprendizaje realizado en elBulli como proyecto

---

7. http://www.elbulli.com/catalogo/catalogo/index.php?lang=en
8. http://espacio.fundaciontelefonica.com/ferran-adria. Fundación Tele-
fónica, Madrid, octubre 2014 – marzo 2015. Esta exposición fue posible
gracias al establecimiento de la primera narrativa sobre elBulli, que llevo a
término Carme Cañadell en la exposición previa «Ferran Adrià i elBulli.
Risc, llibertat i creativitat». Palau Robert, Barcelona, 2012 (https://vimeo.
com/36856836).

creativo de veinticinco años de trayectoria, y ofreció el instrumento más potente del que dispuso el restaurante: el procedimiento para su propia auditoría en lo que a indexación de creatividad se refiere. elBulliLab pretende seguir con este tipo de transferencias, ahora dedicadas, efectivamente, tanto al proceso creativo gastronómico como a otros múltiples procesos creativos.

J. J. Una de tus frases favoritas en el momento del cierre de elBulli y de la exposición «Auditando el proceso creativo» fue «para volver a crear hay que comprender». Hubo un momento en que la filosofía se manifestó con especial lucidez al respecto, fue en la época de Hegel y de Brillat-Savarin.[9] Ambos pretendieron dotar de narrativa unas prácticas creativas: el filósofo alemán, en lo que fueron sus cursos de estética, al arte; el magistrado francés, a lo gastronómico en su *Physiologie du goût, ou Méditations de gastronomie transcendante* (1826). elBulliLab parece heredar el legado de Brillat-Savarin y enraizarlo en la gastronomía contemporánea. Probablemente los frutos sean muy diferentes a los inmediatamente posteriores a la Revolución Francesa.

F. A. Ya Brillat-Savarin afirmó: «La gastronomía, como todas las demás ciencias, es hija de su tiempo y se conforma progresivamente, en primer lugar, por la acumulación de métodos empíricos y, más tarde, por el descubrimiento de los principios que se deducen de estos métodos» (Meditación III). Sin embargo, en la elaboración de estos principios, es decir, en la propedéutica de la gastronomía, las preguntas son siempre las mismas. Se trata de las siete preguntas —designadas en elBulliLab como 7W— sistemáticas de la tradición filosófica y del derecho: *quid?*, ¿qué?; *quis?*, ¿quién?; *cui?*, ¿a

9. Los textos de Savarin se citan traducidos por los autores de este libro.

quién?; *cui prodest?*, ¿a quién beneficia?, ¿por qué?; *ubi?*, ¿dónde?; *quando?*, ¿cuándo?; *quomodo?*, ¿cómo?, que se requieren además del análisis evolutivo de las prácticas creativas. elBulliLab persigue el conocimiento como quien persigue algo que se oculta tras las respuestas prefijadas o los prejuicios y la ausencia de reflexión. ¿Por qué no cuestionarnos todo lo que sabemos y todo lo que hacemos? Este es el modo de ser propio de la filosofía desde el inicio de sus tiempos hasta la actualidad, desde Sócrates hasta Rancière. La filosofía aplicada a la gastronomía en los tiempos que siguieron a la Revolución Francesa puso, con su afán democratizador y científico, las bases de la filosofía contemporánea de la gastronomía, cuestión en que se centra efectivamente el trabajo del equipo de elBulliLab. Uno de nuestros retos fundamentales es algo así como una *Fisiología del gusto 2.0.*, dado que, finalmente, nuestros valores continúan siendo los de la Revolución Francesa: libertad, igualdad, fraternidad. La libertad tiene que ver con el desinterés implícito a lo gastronómico —que, si bien no se contrapone, sí se distingue de lo alimenticio o nutricional—; la igualdad refiere a la democratización del talento y resulta obvia actualmente, una vez superada la poética romántica del genio; la fraternidad remite a la necesidad de compartir, exigible incluso en el seguimiento de los dictados de las dinámicas empresariales contemporáneas: la *brand equity* o bien comparte o bien se condena al suicidio. De este modo, elBulliLab continúa teniendo como término definidor el mismo que tuvo la cocina de elBulli: revolución.

J. J. ¿Qué te parece que en las facultades de Filosofía comience a enseñarse filosofía de la gastronomía?[10] ¿Y que una revista como *The Monist* se interese por la labor de elBulliLab?

F. A. Resulta difícil entender qué significa «filosofía pura» y mi pasión filosófica atiende fundamentalmente a la filosofía aplicada. No me parece extraño que en la actualidad la filosofía se dirija a la comida, a lo gastronómico y a la creatividad, dado que estos son territorios privilegiados para pensar el mundo contemporáneo; tampoco me parece excéntrico que, desde el pensamiento ubicado en estos territorios, la filosofía pretenda generar prospección, puesto que esta, a mi entender, es connatural a la filosofía como pasión por el conocimiento. Creo que lo llamáis praxis. La praxis gastronómica comporta prospección, pensamiento y discurso de una sola vez, como los comportan las artes plásticas, las performativas, las literarias. Entiendo que *The Monist* se interesa por elBulliLab como tal vez se interesaría por las dinámicas creativas del lab de Marina Abramovic, del lab del Massachusetts Institute of Technology,

10. Nuestra ruta académica de la filosofía de la gastronomía comenzó con Feeding Thought, el curso de postgrado de la UAB que impartimos en La Pedrera (http://www.feedingthought.es/feedingthought/Presentacion. html). Posteriormente, realizamos desde 2013 hasta 2017 el curso de grado Seminario de Estética y Teoría de las Artes: Estética Gustatoria (http://www.uab.cat/guiesdocents/2015-16/g100281a2015-16iCAT.pdf), así como un módulo del máster universitario de Investigación Artística en Arte y Diseño (MURAD), Eina. Centre de Disseny i Art, UAB (http://eina.cat/en/postgraus/master-oficial-eees-master-universitari-de-recerca-en-art-i-disseny). Estos cursos han sido pioneros en el panorama académico internacional en centros generalistas y no exclusivamente gastronómicos. Para esta última acepción, ver el programa de estética gustatoria de la Università degli Studi di Scienze Gastronomiche in Pollenzo, Italia, encabezado por el profesor Nicola Perullo. Este programa se caracteriza por encontrarse en el seno de una universidad estrictamente gastronómica, lo que vincula filosofía y práctica gastronómica de modo privilegiado.

del DOCH de Copenhague, del Cirque du Soleil o de los Performing Arts Research & Training Studios, o tal como se hubiera interesado por The Factory de Warhol o por el Black Mountain College de John Cage y Merce Cunningham: desde la convicción de que la praxis estética es una praxis de pensamiento. De algún modo, esto significa recuperar el espíritu de Werner Jaeger con su *paideia*: hay una filosofía performativa que se presenta como práctica estética y que resulta indispensable para la comprensión del *Geist* (mentalidad, modo de ser) de una época. Lo que fue el teatro para la filosofía clásica lo son hoy algunas prácticas creativas donde el pensamiento contemporáneo acontece con normalidad: la danza, la performance, el diseño, la gastronomía, el circo, las series, la arquitectura auditiva.

J. J. ¿Tiene esto que ver con la afirmación de Richard Hamilton de que la cocina de elBulli fue un lenguaje?

F. A. Sí. No se trataba de un lenguaje proposicional, pero sí de un lenguaje, con su morfología, semántica, sintaxis, con su gramática, en definitiva. Fue ciertamente Richard Hamilton quien me reveló esta clave para la autocomprensión de la tarea creativa de elBulli y de las prácticas estéticas contemporáneas dotadas de un alto índice de creatividad e innovación. Entre ellas, probablemente las prácticas gastronómicas, junto con las auditivas, configuran el lenguaje más universal de los lenguajes estéticos. Cabe decir que Richard Hamilton fue el único comensal de elBulli que asistió cada año al restaurante, y que la primera vez lo hizo de la mano de Marcel Duchamp.[11] Ello

---

11. Ver Pinto, Josep Maria, «El cocinero que cocina», *Nomade. Revista de arte y pensamiento,* 5 (http://www.espacionomade.com/es/numero/cocinarte/expo/el-cocinero-que-cocina/). En este artículo se proponen las características definitorias de la cocina de Ferran Adrià, así como de su relación

generó una primera narrativa del proyecto creativo de elBulli de corte conceptual-pop, que de hecho es la que caracterizó la primera monografía de la filosofía de elBulli, concebida y redactada precisamente por Hamilton —junto con Vicente Todolí— y que llevaba por título *Food for Thought, Thought for Food*.[12]

J. J. Richard Hamilton solía decir que «mirar y degustar la sucesión de platos que componen el menú de elBulli es una experiencia tan estética como la contemplación de un cuadro». El interés del mundo del arte por el proyecto creativo de elBulli ha sido inaudito. Así, *Food for Thought, Thought for Food* fue en parte resultado de la experiencia de la participación de elBulli en la Documenta XII (Kassel, 2007), en la que el comisario, Peter Buergel, te invitó, junto con el equipo de elBulli, a integrarte en el evento. Esto fue una sorpresa para vosotros, que respondisteis de un modo sorpresivo para el mundo del arte, convirtiendo elBulli (Cala Monjoi, Roses, Catalunya) en el Pabellón G de la Documenta. La mayoría de los miembros del mundo del arte tuvieron entonces una reacción considerablemente hermética y sesuda, que hoy en día se ha suavizado; incluso muchos han sucumbido (al menos, parcialmente) ante la fuerza estética de ciertas manifestaciones paragastronómicas, como se pudo apreciar en el caso de la exposición de tus dibujos en 2014 en el Drawing Center de Nueva York o en el *stand* de *El País* en la feria de arte Arco del mismo año. Pero, en realidad, lo interesante es que la gastronomía lidera ciertos hitos estéticos que parecen ser añorados o antojados por el arte.

---

con el arte. Josep María Pinto, traductor de Proust al catalán y poeta, colabora desde 1997 en la redacción de los libros de Ferran Adrià.
12. Hamilton, Richard; Todolí, Vicente (eds). *Food for Thought, Thought for Food*. Barcelona y Nueva York: Actar, 2009.

F. A. Más allá de mi relación personal con Richard Hamilton y Vicente Todolí, debo decir que hasta 2007 tuve una relación mucho más fluida con el diseño que con el arte, dado que, a mi entender, las afinidades entre la gastronomía y las prácticas de diseño eran mucho mayores que lo que concernía a las prácticas artísticas. A partir de que fui invitado a la Documenta XII, mi interés por el mundo del arte creció considerablemente, aunque no varió mi opinión respecto a las profundas disidencias entre arte y cocina. La cocina no es arte ni pretende serlo. La cocina de elBulli tenía un periodo anual altamente creativo —los seis meses en los que cerrábamos el restaurante para dedicarnos exclusivamente a crear— y un período casi exclusivamente reproductivo —los seis meses en los que el restaurante estaba abierto. Resulta facilón pero equivocado decir que el período creativo se asimilaría al arte y el reproductivo a la artesanía, ya que, entre otras cuestiones, el momento reproductivo tiene también su dosis de creatividad y en el momento creativo los protocolos de producción y recepción gastronómicos son bien distintos de los artísticos, puesto que en la gastronomía el objeto estético es engullido por el receptor-comensal y pasa a formar parte de su cuerpo.

J. J. Tal vez los debates contemporáneos sobre la artificación de ciertas prácticas creativas resulten convenientes para explicar la relación entre arte y gastronomía.

F. A. El término *artificación* me parece bastante acertado por cuanto remite al tipo de mirada que imprime el mundo del arte a la gastronomía, y lo hace reconociendo implícitamente que esta no es una práctica artística sino *artificada*. Así, parece que la gastronomía puede ser apreciada a través de ciertos parámetros propios del mundo del arte contemporáneo, como son: el papel privilegiado y altamente creativo del receptor-comensal, la centralidad del cuerpo, la performatividad y lo efímero, los debates posinstitucionales y los nuevos repartos de lo sensible y sus consecuencias políticas y económicas. Sin embargo y por razones afines, también podría hablarse de la cocina como práctica cientificada, diseñizada o tecnologizada, puesto que tanto la mirada científica como la diseñística y la tecnológica encuentran afinidades electivas y fructíferas en lo gastronómico. La cocina es cocina, y un cocinero es un cocinero. Lo gastronómico tiene su ADN creativo propio; es en realidad un territorio autónomo por más que sea, a la vez, altamente acogedor, promiscuo y mestizo. Es por ello, y dada la deriva relacional y performativa de las prácticas artísticas contemporáneas, que me resulta más certero hablar de gastronomización del arte que de artificación de la gastronomía.

J. J. La nueva *Fisiología del gusto o meditaciones de gastronomía transcendental* que surja de elBulliLab, ¿cumplirá la máxima de Brillat-Savarin «[La gastronomía es] el conocimiento razonado de todo lo que concierne al ser humano, en cuanto que se alimenta» (*Meditación* III), en una suerte de filosofía aplicada a la gastronomía? ¿Algo así como una estética en cuanto que teoría del uso no metafórico del gusto?

F. A. Sí, el proyecto es fundamentalmente filosófico y pertenece al ámbito de la filosofía aplicada. De algún modo, es una continuación de la estética en cuanto que teoría del gusto, ahora con una férrea vinculación a la práctica gustatoria, es decir, al uso no metafórico del término *gusto*. Es por ello que me siento cómodo con la designación de *estética gustatoria*, como territorio teórico análogo a la gastronomía en cuanto que es igualmente autónomo, acogedor, promiscuo y mestizo. En el término incluyo la filosofía de la creatividad, que será nuestra aportación fundamental respecto al texto de Brillat-Savarin. Otra de las aportaciones será que la *gastronomía* adquiere un rotundo matiz de desinterés para distinguirse de la alimentación y la nutrición.

J. J. ¿Algún nombre que rescatar de la estética más tradicional, en cuanto que teoría del gusto en su uso metafórico?

F. A. Sí, por supuesto. Voltaire, Kant, Warburg, Picasso. Voltaire redactó parte de la entrada 'gusto' de la *Encyclopédie* de Diderot y D'Alambert en 1757 con el atino de distinguir entre el uso no metafórico y el metafórico del gusto, dándole la prioridad al primero y otorgándole una primacía epistémica. Por su parte, Kant estableció el que es, a mi entender, el concepto clave de la estética tanto en el uso metafórico del gusto como en el no metafórico: el desinterés, fundamental en gastronomía para su distinción respecto a la nutrición, es decir, para la indexación de la creatividad en lo gustatorio. Aby Warburg y Pablo Picasso resultan ejemplares respecto a su capacidad revolucionaria. Warburg, en referencia a la narrativa del arte, que revolucionó con su *Atlas* privilegiando la simultaneidad ante la sucesión y tratando de dar prioridad a la lógica de la visualidad ante la lógica tradicional discursiva. También resulta ejemplar su pasión por el archivo, que elBulli compartió y ahora comparte elBulliLab, concibiéndolo no solo como un *depósito*, sino también como un *dispositivo de memoria* para ser activada de modo creativo en cualquier momento, según lo que Warburg llamaba *mnemósine*: memoria preñada de futuro. Por su parte, la revolución Picasso tiene que ver, a mi entender, con su apabullante personalidad creativa, especialmente con su constancia, método, longevidad y pasión poiética, que revolucionó los criterios del gusto, la historia del arte de vanguardia, la institución y la economía del arte.

J. J. En los procesos de artificación de la cocina y de gastronomización del arte, ¿qué prácticas artísticas resultan más afines a
las culinarias?

F. A. Tal vez podríamos hablar de una constelación de prácticas que configuran diversos sistemas solares según sus afinidades. Así, la cocina es altamente performativa y relacional, lo
que sin duda permite considerarla desde los paradigmas de
ciertas prácticas artísticas relacionales y desde el giro performativo. No por casualidad, desde las primeras prácticas de Marina
Abramovic hasta las de Antoni Miralda o de Rirkrit Tiravanija, la comida juega un rol no solo de medio performativo, sino
también de atmósfera creativa. Pero en la actualidad, y en afinidad y trascendiendo lo que Erika Fischer-Lichte llamó en
2008 el *performative turn*, ya se habla del *culinary turn* y de lo que
en nuestros cursos de filosofía hemos designado como *flavoring
turn*,[13] debido a que en las prácticas gustatorias la relación creativa enfatiza especialmente el lugar del espectador —aquí: el
comensal—, lo efímero, el momento presente y el lugar del
acontecimiento, el vínculo entre la fisicidad y el concepto, así
como la ritualidad y la centralidad del cuerpo. En esto último,
la cocina tiene muchas afinidades con la danza y el circo. Respecto a la música, las prácticas gustatorias comparten el recla-
mo por la universalidad de sus lenguajes. Por otra parte, estas
prácticas son altamente afines a las de la arquitectura de lo efímero y al diseño, de aquí que hayan surgido nuevas profesio-
nes, como la del *food designer*. Cabe también considerar que la
dimensión de investigación en gastronomía es afín a la investi-

13. Para el *culinary turn*, ver Van der Meulen, Nicolaj; Wiesel, Jörg (eds.),
*Culinary Turn. Küche, Kochen und Essen als Ästhetische Praxis / Aesthetic
Practice of Cookery*. Bielefeld: Transcript, 2015. Para el *flavoring turn*, ver Ja-
ques, Jèssica 2014, «Food (aesthetics of)», en Kelly, Michael (ed.), *Oxford
Encyclopedia of Aesthetics*, 2a ed., Oxford: Oxford University Press, p. 63-67.

gación artística y puede contribuir a los debates actuales sobre esta cuestión.[14]

En esta constelación, la cocina no debiera dividirse en cocina tradicional *versus* cocina de vanguardia, puesto que la primera tiene mucho de mito. Probablemente resulte más certero, como apuntaba antes, hablar del proceso creativo gastronómico y del proceso reproductivo, como probablemente resulte conveniente dejar de hablar de la diferencia entre artesanía y arte y pasar a hablar del proceso creativo en el arte y del proceso reproductivo, que en muchas de las artes deriva rápidamente en un proceso de variación. La potencia del *flavoring turn* que proponen las prácticas gustatorias radica en el hecho de que, al servir un plato, aquello que para el cocinero es reproducción para el comensal es un primer momento creativo, de manera que el flujo creativo resulta continuo e intenso, dado que cada ingesta es única e irrepetible.

Otra de las razones del *flavoring turn* es su compromiso entre la vanguardia y la posinstitución. Cabe decir que las respectivas instituciones del arte y de la gastronomía, esto es, los museos y los restaurantes, fueron un producto de los procesos de democratización posteriores a la Revolución Francesa —como lo fueron, también, los zoológicos. Más tarde, a principios del siglo XX, las artes comenzaron unos procesos de vanguardia que se agotaron tras la Segunda Guerra Mundial. No así los procesos de vanguardia de la cocina, que nacieron con el futurismo y fructificaron en las postrimerías del siglo XX y que tienen ahora un vigor muy adecuado para los tiempos de la creatividad 2.0. No es exagerado decir que lo gastronómico ha trascendido más que cualquier otra práctica estética a su propia institución, para expandirse al mundo académico, al artístico,

14. Sobre los debates contemporáneos respecto a la investigación artística, ver el *Journal of Artistic Research* (JAR) (*www.jar-online.net*). Sobre la cocina de investigación y la cocina revolucionaria, ver Jaques, Jèssica, 2014.

al del diseño, a las redes sociales, al cine, al circo y a las series y los programas de televisión —no negaré que con una cuota de exceso en esto último—; ahora su reto está en saber combinar vanguardia y cultura de masas, tal como lo fue, en su momento, el reto de algunas de las vanguardias artísticas. La vanguardia gastronómica tiene respecto a ellas la ventaja de instalarse en un flujo natural con la cocina como práctica de la vida cotidiana (*everyday life*).

J. J. La vida cotidiana podría ser precisamente una de las características que hace de la gastronomía un territorio estético autónomo. En nuestras sociedades comer es un acto cotidiano y resulta muy frecuente algo así como una gastronomía doméstica en que cada cocinero ejerce su creatividad de manera privilegiada respecto a otras posibles prácticas estéticas. Hay que notar también que lo gastronómico comparte cotidianidad y domesticidad con las prácticas eróticas, que, por una parte, suponen, como el cocinar y el comer, una peculiar relación entre interioridad y exterioridad y, por otra, una autocomprensión muy diferente cuando son reproductivas o no lo son, de la misma manera que lo gastronómico se libera de la función alimenticia o nutricional. De hecho, Brillat-Savarin ya hablaba de un *sentido genésico* o amor físico que impulsaba a la vida como lo hace la comida, a pesar de que no lo desligaba de la función reproductiva. La filosofía ha vinculado a menudo lo erótico y la comida, como se evidencia en la tradición de los banquetes.

F. A. El Eros de *El banquete* de Platón era el amor por el conocimiento y se presentaba a partir de un simposio donde sobre todo beber vino —más que la comida— era un dispositivo para el pensamiento. Lo que se propone en la gastronomía contemporánea no es tanto que la comida —y la bebida— sean un dispositivo para el pensar, sino que el acto de comer puede

coincidir con el acto de pensar y lo hace de un modo que solo
puede acontecer comiendo más allá de la necesidad de alimen-
tarse: del mismo modo que el bailarín piensa con los dedos
de los pies más allá del desplazamiento, el comensal piensa
desde un recorrido de órganos que vinculan la exterioridad
con lo interno, en afinidad, ciertamente, con quien realiza una
práctica erótica libre. En unos tiempos como los actuales, en
que la filosofía da prioridad a la centralidad del cuerpo y a la
recuperación de la *aisthesis* como un flujo entre la sensación y
el pensamiento, no es de extrañar que las prácticas gustatorias
resulten ser un territorio adecuado para la filosofía aplicada, y lo
sean de modo más intenso que las prácticas artísticas que se au-
toconciben desde estos retos —básicamente, la performance, la
danza, el circo y el teatro—, puesto que en las prácticas gustatorias interviene tanto un proceso físico como un proceso quí-
mico en la elaboración simbólica del receptor y, por tanto, en
su propio proceso creativo y también en la dimensión política
del mismo. A mi entender, es por ello que resulta consecuente
que en la concepción de nuevos repartos de lo sensible —sea
utópica, de gestión política cotidiana o bien de biopolítica— se
piense en primer término en la comida o en algo tan sencillo
como que, en la representación emblemática o incluso turística
de las ciudades, la plaza del mercado diga más de esas ciudades
que sus centros operísticos o que sus parlamentos, que seguramente se asemejarán a muchos otros del planeta y tendrán efec-
tos simbólicos de menor alcance.

J. J. Para concluir, la filosofía aplicada a la gastronomía y,
como parte de ella, la estética gustatoria, se revelan como
constelaciones de investigación y generación de conocimiento que permiten renovar el vocabulario de la estética tradicional, que había envejecido considerablemente. En esta renova-
ción, el término *belleza* resulta poco operativo, mientras que
creatividad se empeña en proseguir.

F. A. ¿Cómo decir *belleza* en términos gustatorios, es decir —y entre otras cosas— más allá de la dictadura de lo visual? No sería suficiente con substituir esta categoría por otras que indicaran la positividad en lo gustatorio —como, por ejemplo, agradable, bueno, gustoso, sápido, delicioso, sabroso, exquisito—, o con reemplazar *feo* por categorías que indicaran negatividad —como pudieran ser insípido, agrio, asqueroso, nauseabundo, repugnante, detestable—; no escapar así a la máxima platónica de lo bello —o lo delicioso— es difícil. Dado que lo gastronómico configura un lenguaje, más que una lista de categorías se requiere la elaboración de un juego de lenguaje nuevo, con su propia gramática y su propia semántica. En este, el término *creatividad* puede liberarse de su carga teológica y romántica y democratizarse hasta su radicalización en la actividad del comensal, y no hay que tener reparos en asumir que resulta imprescindible hablar de esta facultad. El análisis que Kant llevó a cabo es certero: la creatividad es una facultad que requiere talento, originalidad e imaginación. Hoy en día necesitamos, además, considerarla en estricta relación con la investigación, la innovación y la educación —en sentido de formación. El cuestionamiento sobre el ingente conocimiento requerido para comprender histórica y sistemáticamente el término *creatividad* condujo a la deriva filosófica de elBulli y alimenta en la actualidad los proyectos de elBulliLab. Volviendo a Picasso, este comentó a Brassaï en 1964:

> Sin duda, algún día existirá una ciencia, que quizás llamaremos «la ciencia del hombre», que buscará penetrar más en el hombre a través del hombre-creador... Pienso a menudo en esta ciencia y quiero dejar para la posteridad la documentación más completa posible... Por eso fecho todo lo que hago [*Sans doute existera-t-il un jour une science, que l'on appellera peut-être «la science de l'homme», qui cherchera à penetrer plus avant l'homme à travers*

l'homme-createur ... Je pense souvent à cette science, et je tiens à laisser à la posterité une documentation aussi complète que possible ... Voilà pourquoi je date tout ce que je fais.][15]

Como él, desde los primeros proyectos de elBulli fechamos y clasificamos todo lo que hacemos, y defendemos responder la pregunta kantiana «¿qué es el ser humano?», junto a Beuys, cuando afirmaba que «cada ser humano es un artista, un ser libre, llamado a participar en la transformación y remodelación de las condiciones, el pensamiento y las estructuras que dan forma a nuestras vidas y las informan». De nuevo y como un mantra: libertad, igualdad, fraternidad, esto es: revolución.

15. Brassaï, *Conversations avec Picasso*. París: Gallimard, 1964, p. 123.

Bibliografía

ADRIÀ, Ferran; JAQUES, Jèssica. «For an Applied Philosophy of Gastronomy». *Cosmo* 6 (2015): 163-172. http://www.ojs.unito.it/index.php/COSMO/article/view/930

ALLHOF, Fritz; MONROE, Dave (eds.). *Food and Philosophy.* Oxford: Blackwell, 2007.

ARRIBAS, Alejandro. *El laberinto del comensal. Los oscuros símbolos de la comensalidad.* Madrid: Alianza, 2003.

BALZAC, Honoré de. *Physiologie du marriage ou méditations de philosophie éclectique, sur le bonheur et le malheur conjugal, publiées par un jeune célibataire.* París: Levavasseur et Urbain Canel, 1829.

— *Traité des excitants modernes. Appendice à la Physiologie du goût.* París: Charpentier, 1939.

BARLÖSIUS, Eva. *Soziologie des Essens. Eine sozial- und kulturwissenschaftliche Einführung in die Ernährungsforschung.* Weinheim: Juventa, 1999.

BARTHES, Roland. «Lecture de Brillat-Savarin». Introducción a: Brillat-Savarin, Jean-Anthelme. *Physiologie du goût.* París: Hermann, 1975.

BELLONZI, Marco; CASACUBERTA, David. http://epintxo.
gulalab.org/

BERTRAM, Georg. *Kunst als menschlische Praxis*. Suhrkamp, 2014.

BOURRIAUD, Nicolas. *Estética relacional*. Buenos Aires: Adriana
Hidalgo, 2006.

BLUMENTHAL, Heston. *The Fat Duck Cookbook*. Londres:
Bloomsbury, 2009.

BRASSAÏ. *Conversations avec Picasso*. Pars: Gallimard, 1964.

BRILLAT-SAVARIN, Jean Aanthelme. *Physiologie du goût, ou me-
ditations de gastronomie transcendante. Avec une lecture de Roland Barthes*. París: Hermann, 1975 (1826). *Fisiología del
gusto*. Prólogo de Néstor Luján. Barcelona: Óptima, 2001.

BULLIPEDIA. elBulli Foundation, 2019 y ss. https://elbulli-
foundation.com/elbullistore/todos-los-titulos/?c=bu-
llipedia

BUSHMANN, Renate; ERMACORA, Beate; GROSS, Ulrike;
HOZHEY, Magdalena (eds.). *Eating the Universe. Vom Essen
in der Kunst*. Dumont, 2009.

CAMPOS SALVATIERRA, Valeria. *Pensar/Comer. Una aproximación filosófica a la alimentación*. Barcelona: Herder, 2023.

CASACUBERTA, David. «Cognitive Models for Gastronomic
Creation and Innovation». *Debats* (2021): 163-173.

CASACUBERTA, David; JAQUES, Jèssica; VILAR, Gerard. «Coci-
narte». *Nomade 5*. http://www.espacionomade.com/es/
numero/cocinarte/

CURTIN, Deane W.; HELDKE, Lisa M. (eds). *Cooking, Eating,
Thinking. Transformative Philosophies of Food*. Bloomington:
Indiana University Press, 1992.

D'ALEMBERT, Jean Le Rond; DIDEROT, Denis; DE MONTES-
QUIEU, Charles-Louis de Secondat, baron de La Brède et;
Voltaire. «Taste». En: *The Encyclopedia of Diderot &
d'Alembert*. Traducido por: Nelly S. Hoyt y Thomas Cassirer. Ann Arbor: University of Michigan Library, 2003.
http://hdl.handle.net/2027/spo.did2222.0000.168 (ac-

cessed 08/04/2014). Publicado originalmente como «Goût», en: *Encyclopédie ou Dictionnaire raisonné des sciences, des arts et des métiers*. Vol. 7. París, 1757. P. 761–770. http://artflsrv02.uchicago.edu/cgi-bin/philologic/getobject. pl?c.6:1331:1.encyclopedie0513.7683367

DANTO, Arthur. «Embodied Meanings, Isotypes, and Aesthetical Ideas». *JAAC* 65 (2007): 121-129.

DICKIE, George. *El siglo del gusto. La odisea filosófica del gusto en el siglo XVIII*. Madrid: Machado, 2003.

DOLEJŠOVÁ, Markéta. «A taste of Big Data on the Global Dinner table». *JAR* 9 (2015). http://www.researchcatalogue. net/view/57801/58140

DOUGLAS, Mary. *In the Active Voice*. Londres, Boston y Henley: Routledge and Paul, 1982.

— *Purity and Danger. An analysis of the concepts of Pollution and Taboo*. Ark, 1984.

— *Food in the Social Order. M. Douglas Collected Works*. Vol. 9. Routledge, 2009.

elBulli. *Catálogo general*.

ELIAS, Norbert. *Über den Prozeß der Zivilisation. Erster Band*. Fráncfort del Meno: Suhrkamp, 1997.

MIKA, Elo; MIIKA, Luoto (eds.). *Figures of Touch*. Helsinki: The Academy of Fine Arts at the University of the Arts Helsinki, 2018.

FOUCAULT, Michel. *Histoire de la sexualité II. L'usage des plaisirs*. París: Gallimard, 1984.

GIGANTE, Denise. *Taste: A literary History*. New Heaven y Londres: Yale University Press, 2005.

GRAW, Isabelle; KLEEFELD, S.; ROTTMANN, André (eds.). *Geschmack Taste. Texte zur Kunst* 75 (2009).

GUYER, P. *Knowledge, Reason, and Taste: Kant's Response to Hume*. Princeton: Princeton University Press, 2008.

HAMILTON, Richard; TODOLÍ, Vicente. *Food for Thought, Thought for Food*. Barcelona y Nueva York: Actar, 2009.

HAYES, Lauren; RAIKO, Jessica. *Towards an Aesthetics of Touch.* Londres: MOCO, 2017. DOI: http://dx.doi.org/10.1145/3077981.3078028.

HELSTOSKY, Carol. *The Roudledge History of Food.* Routledge, 2015.

HERZOGENRATH, Bernd (ed.). *Practical Aesthetics.* Bloomsbury, 2021.

HUME, David. *Of the standard of taste.* Boston: The Harvard Classics, 1909-1914. IA ED. 1757. Trad. cast.: *La norma del gusto.* Valencia: Museu Valencià de la Illustració i de la Modernitat, 2008.

JAQUES, Jèssica; VILAR, Gerard. «Feeding Thought. Por una filosofía de la cocina y la gastronomía». *Disturbis* 12 (2012). http://www.disturbis.esteticauab.org/DisturbisII/Indice_12.html

— «Feeding Thought». *Disturbis* 12 (2012).

JAQUES, Jèssica. «A philosophical Reading of Brillat-Savarin's The Physiology of Taste». *Proceedings of the European Society of Aesthetics* 8 (2016): 288-304.

— «Food (Aesthetics of)». En: Kelly, Michael (ed). *Oxford Encyclopedia of Aesthetics.* 2a ed. Oxford: Oxford University Press, 2014. P. 63-67.

— «Main Issues in Gustatory Aesthetics». *Cosmo* 6 (2015): 173-189.

— «Stovetop Philosophy». *The Monist* 101 (2018): 237-246.

— «Qué se cuece en *El deseo atrapado por la cola* o la dramaturgia gastropoiética en la Ocupación». En: *La cocina de Picasso.* Catálogo. Barcelona: Museo Picasso, 2018. P. 202-215.

JAQUET, Chantal. *Philosophie de l'odorat.* París: PUF, 2010.

KANT, Inmanuel. *Crítica de la facultad de juzgar.* Caracas: Monte Ávila, 1992. Trad. al catalán de Jèssica Jaques. *Crítica de la facultat de jutjar.* Barcelona: Edicions 62, 2004.

KAPLAN, David M. (ed.). *The Philosophy of Food.* Berkeley: University of California Press, 2012.

KAUFMANN, Jean-Claude. *Casseroles, amour et crises (Ce que cuisiner veut dire)*. París: Armand Colin, 2005.

KORSMEYER, Carolyn. *Making Sense of Taste: Taste, Food and Philosophy*. Nueva York: Cornell University Press, 1999. *El sentido del gusto*. Barcelona: Paidós.

— *Savoring Disgust: The Foul and the Fair in Aesthetics*. Oxford: Oxford University Press, 2011.

KUEHN, Glenn. «How can Food Be Art?». En: Andrew Light y Jonathan M. Smith (eds.). *The Aesthetics of Everyday Life*. Nueva York: Columbia University Press, 2005. P. 194-212.

LINCKE, Hans-Joachim. *Doing time. Die zeitliche Ästhetik von Essen, Trinken und Lebensstilen*. Transcript, 2007.

LIPOVETSKY, Gilles; SERROY, Jean. *La estetización del mundo*. Barcelona: Anagrama, 2016.

MARINETTI, F. T. «Il manifesto della cucina futurista (1931)». En: *Manifestos, Italian Futurism*. http://www.italianfuturism. org/manifestos/

MARINETTI, F. T.; FILLÌA. *La cocina futurista: una comida que evitó un suicidio*. Barcelona: Gedisa, 1985 (1932).

MENKE, Christoph. *La soberanía del arte*. Madrid: Machado, 1997.

NICOLAU, María. *Cocina o barbarie*. Barcelona: Península, 2022.

NOË, Alva. *Strange Tools. Art and Human Nature*. Nueva York: Hill & Wang, 2015.

— *The Entanglement. How Art and Philosophy Make us What We Are*. Princeton: Princeton University Press, 2023.

NOË, Alva; HURLEY, Susan. «The deferential brain in action». *Trends in Cognitive Sciences* 7 (2003): 195-196.

ONFRAY, Michel. *La raison gourmande*. París: Grasset, 1995. *La razón del gourmet*. Buenos Aires: De la Flor, 1999.

— *Le ventre des philosophes*. París: Grasset, 1989. *El vientre de los filósofos. Crítica de la razón dietética*. Buenos Aires: Libros Perfil, 1999.

PERULLO, Nicola. *Taste as Experience. Philosophy and Aesthetics of Food.* Nueva York: Columbia University Press, 2016.

— «Gustatory Aesthetics». En: *International Lexicon of Aesthetics.* Vol. 2. Milán: Mimesis, 2019.

PINTO, Josep Maria. «El cocinero que cocina». *Nomade. Revista de Arte y Pensamiento* 5 (julio 2014). http://www.espacionomade.com/es/numero/cocinarte/expo/el-cocinero-que-cocina

PRUM, Richard O. *The Evolution of Beauty: How Darwin's Forgotten Theory of Mate Choice Shapes the Animal World.* Random House, 2017.

RANCIÈRE, Jacques. *Aisthesis.* Buenos Aires: Manantial, 2013.

— *El reparto de lo sensible.* Santiago de Chile: LOM, 2009.

— *El malestar en la estética.* Buenos Aires: Capital Intelectual, 2011.

— «Penser entre les disciplines. Une esthétique de la conaissance». *Inaesthetik* 0 (2008): 81-102.

RECKWITZ, Andreas. *The Invention of Creativity. Modern Society and the Culture of New.* Polity, 2017.

SHINER, Larry E. *Art Scents: Exploring the Aesthetics of Smell and the Olfactory Arts.* Oxford: Oxford University Press, 2020.

SOLER, Juli; ADRIÀ, Ferran; ADRIÀ, Albert. *Catálogo general elBulli 1983-2011.* elBulli Books.

TELFER, Elizabeth. *Food for Thought. Philosophy and Food.* Londres y Nueva York: Routledge, 1996.

VAN DER MEULEN, Nicolaj; WIESEL, Jörg (eds.). *Culinary Turn. Küche, Kochen und Essen als Ästhetische Praxis / Aesthetic Practice of Cookery.* Bielefeld: Transcript, 2015.

VARELA, Francisco; ROSCH, Eleanor; THOMPSON, Evan. *The embodied mind. Cognitive Science and Human Experience.* MIT Press, 1992.

VILAR, Gerard. *Desartización. Paradojas del arte sin fin.* Salamanca: Universidad de Salamanca, 2010.

— «La cognificació de l'art». *Quaderns de Filosofia* 5,2 (2018): 11-28. https://ojs.uv.es/index.php/qfilosofia. «L'artification comme 'cognification'». *Nouvelle Revue d'Esthétique* 2, 24 (2019): 45-52.

— «A vueltas con el gusto». En: Matilde Carrasco y Francisca Pérez Carreño (eds.). *En torno al arte. Estética, historia y crítica.* Madrid: Machado, 2023. P. 19-41.

VOLTAIRE. «Goût». En: *Encyclopédie de Diderot et D'Alembert,* 1757. http://obvil.paris-sorbonne.fr/corpus/critique/voltaire_encyclopedie/GOUT

WORTH, Sara. *Taste. A Philosophy of Food.* Londres: Reaktion Books, 2021.